新时代大学生君子人格养成

XINSHIDAI DAXUESHENG JUNZI RENGE YANGCHENG

戴兆国◎主编

安徽师范大学出版社
ANHUI NORMAL UNIVERSITY PRESS
·芜湖·

图书在版编目(CIP)数据

新时代大学生君子人格养成 / 戴兆国主编. —芜湖:安徽师范大学出版社，2023.3
(2023.11重印)
ISBN 978-7-5676-5966-7

Ⅰ.①新… Ⅱ.①戴… Ⅲ.①大学生－品德教育－高等学校－教材 Ⅳ.①G641.6

中国国家版本馆CIP数据核字(2023)第038376号

新时代大学生君子人格养成　　　戴兆国◎主编
XINSHIDAI DAXUESHENG JUNZI RENGE YANGCHENG

责任编辑:祝凤霞　夏珊珊
责任校对:李克非　王文君
装帧设计:王晴晴
责任印制:桑国磊
出版发行:安徽师范大学出版社
芜湖市北京东路1号安徽师范大学赭山校区　　邮政编码:241000
网　　址:http://www.ahnupress.com/
发 行 部:0553-3883578　5910327　5910310(传真)
印　　刷:江苏凤凰数码印务有限公司
版　　次:2023年3月第1版
印　　次:2023年11月第2次印刷
规　　格:700 mm×1000 mm　1/16
印　　张:12.5
字　　数:188千字
书　　号:ISBN 978-7-5676-5966-7
定　　价:39.00元

目　录

引言：君子文化是中华文化的鲜明标识

钱念孙

如果说，在物质创造层面最能彰显中华文化显著特点的是长城和故宫，那么，在精神创造层面最能作为中华文化鲜明标志的就是君子文化。

“君子”一词早在殷周时期已频繁使用。从词源学的意义看，“君”是一个会意字，在字形上从尹从口，“尹”表示治事，“口”表示发布命令，“君”即指发号施令的人。在西周及春秋时期，“君子”主要是对各级统治者和贵族男子的通称。

早期“君子”概念虽然多半专指社会特定人群，但已有明确的价值导向。《周易》乾卦、坤卦爻辞云，“天行健，君子以自强不息”“地势坤，君子以厚德载物”。《国语·晋语》言：“人之有学也，犹木之有枝叶也。木有枝叶，犹庇荫人，而况君子之学乎？”如此倡导自强不息、厚德载物、崇文向学等等，都为此后君子人格和君子文化的形成发展，植入了胚胎基因，奠定了品质基础。

历史演进到春秋战国时代，君子概念的意义发生重大变化，即由原来主要指称“有位者”演变为更多指代“有德者”。促成这一转变的主要功臣不是别人，正是儒家创始人孔子。记载孔子及其弟子思想和言行的《论语》，全书不到16000字，“君子”一词出现107次，使用频率之高反映出孔子对君子人格的钟爱和悉心打造。

孔子继承西周以来有关君子论述的思想资料，认为崇德向善、崇文向学等不应只是对少数权贵的要求，而应是多数人普遍追寻的目标。《论语》从头至尾20篇，每一篇章都以若干段落从不同方面对君子人格不断刻画、反复雕塑。尽管在有些语境下仍然专指“有位者”，但总体倾向是对“有德者”的描述和界定。

“君子喻于义，小人喻于利”“君子坦荡荡，小人长戚戚”“君子和而不同，小人同而不和”……孔子一方面在君子与小人的对举和比较中，捕捉和勾勒君子的形貌与品格；另一方面指出君子并非高不可攀的圣人，强调“圣人，吾不得而见之矣；得见君子者，斯可矣”，从而使君子又与圣人拉开距离，成为一种可望可即、可学可做的正面人格形象。

君子文化浸润于中国人的日常生活。作为孔子精心塑造的理想又现实、尊贵又亲切、高尚又平凡的人格形象，君子人格在中华民族数千年跋涉前行的历史长河中，受到社会各阶层人士的广泛认同和推崇。以儒家思想为主干的中华优秀传统文化，历来倡导仁、义、礼、智、信及忠、孝、廉、悌等为人处世的伦理规范，这些美好品德无不注入、融合并集中、汇聚到一个人格形象即君子人格身上。正是如此，思想家辜鸿铭说：“孔子的全部哲学体系和道德教诲可以归纳为一句话，即君子之道。”

关于君子及君子文化的解说和阐发，不但在浩如烟海的历代典籍里俯拾即是、数不胜数，而且数千年来一直以托物言志的方式浸润和渗透于中国人的日常生活。

为什么中国有着悠久的爱玉、佩玉传统？除了玉作为一种“美石”具有欣赏价值和经济价值外，主要在于自殷周时期起我们的祖先就将玉的特质与君子的品格相类比，赋予玉诸多君子品格的寓意。“言念君子，温其如玉”“古之君子必佩玉”“君子无故，玉不去身，君子于玉比德焉”。家喻户晓的《三字经》云：“玉不琢，不成器；人不学，不知义。”这句话与其说强调只有经过细心雕琢打磨，玉石才能成为国之宝器，不如说这更是通过比喻说明学习对人增长知识、明白事理的重要性。

为什么中国画自宋代以来画得最多的题材是梅兰竹菊？因为梅兰竹菊在古代就被称作“四君子”。以花草树木比喻君子人格的做法，早在先秦时期典籍《诗经》《离骚》里已屡见不鲜。《孔子家语》云：“芝兰生于深林，不以无人而不芳；君子修道立德，不谓穷困而改节。”这里以兰喻人，表达对君子情怀和节操的推崇，说明早在春秋战国之时已形成以物喻人的“比德”传统。梅兰竹菊被称作“四君子”，正是这一传统延续发展的丰硕成果，也是君子文化深入人心的突出表现。梅兰竹菊成为历代诗人、画家反复吟咏和描绘的对象，正缘于其形象蕴含着君子人格的高贵品性。

君子和君子文化不但在器物、植物、动物、饮食等方面有充分的表现，而且作为一种深厚的文化积淀，绵延数千年传承下来，传得众所周知，传得影响深远，传得深入人心，直至今天仍活在老百姓的口头和心中。“君子一言，驷马难追”“君子爱财，取之有道”“君子成人之美”“君子不夺人所好”“君子之交淡如水”“君子绝交无恶言”“君子动口不动手”等。类似这些至今活跃于人们口头的民谚俗语起码有100多句，涉及我们做人做事的方方面面，足以说明君子文化常常以习用而不察、日用而不觉的方式，润物无声地熏陶和浸染着我们的日常生活。

君子文化培植中国人的精神气质。君子文化作为中华优秀传统文化的思想精髓和鲜明标志，其内涵和特质不管人们自觉或不自觉、意识到或没有意识到，都早已成为民族文化心理结构的核心部分，千百年来对中国人的思想、情感、行为、生活等起着不可低估的引导和规范作用。这种制约和影响，随着天长日久的岁月积累，逐渐成为某种思维定式、情感取向、生活态度乃至经验习惯，培植和润泽了中华民族的精神气质。

自春秋战国以来，中国历朝历代多将值得推崇和效法的仁人志士称作君子，从“战国四君子”到“戊戌变法六君子”等等，举不胜举。考察历代杰出君子的作为，明显体现出三大特质：一是以天下兴亡、匹夫有责为重点的担当精神和家国情怀；二是以仁爱共济、立己达人为重点的互助理念和社会关爱思想；三是以正心笃志、崇德弘毅为重点的修身要求和向善追求。这三大特质，与社会主义核心价值观倡导的“富强、民主、文明、和谐”的国家层面价值目标，“自由、平等、公正、法治”的社会层面价值取向，“爱国、敬业、诚信、友善”的个人层面价值准则等，完全是一脉相承、心心相印，乃至可以对接贯通的。

习近平总书记多次强调，培育和弘扬社会主义核心价值观必须立足中华优秀传统文化。如何立足？时下流行的诵读古代经典、组织诗词大赛、传扬非物质文化遗产及传统节日等，当然都是有效的途径。怎样从中华文化的总体精神上把握和弘扬优秀传统，并使之“与当代文化相适应、与现代社会相协调。以人们喜闻乐见、具有广泛参与性的方式推广开来”？我以为研究和倡行君子文化，可以说找到了打通和连接传统与当代的一个新的通道接口，不失为一条别开生面又切实可行的路径和办法，从而在当代社会竖起一面具有深厚传统底蕴和时代精神的文化旗帜。

君子文化是培育和弘扬社会主义核心价值观，能够直接嫁接，并在新时代开花结果的老树新枝。这种嫁接的过程，就是实现中华优秀传统文化创造性转化和创新性发展的过程：一方面，培育和践行社会主义核心价值观获得传统文化这株参天大树庞大根系的丰富滋养；另一方面，君子文化这株昂首向上的千年古木在现代阳光雨露的温暖和浸润下，不断抽出新的枝条，结出新的硕果。

我们培育和践行社会主义核心价值观，关键是要激活、焕发人们内心由优秀传统文化长期熏陶而形成的价值理念和道德情怀，简言之，就是对以“自强不息，厚德载物”为典型特征的君子人格的尊崇和追求。我们要通过挖掘、整理、阐发和弘扬，让君子文化这颗最能体现中华优秀传统文化“精气神”的种子，在新时代犁铧翻垦的神州大地上茁壮成长，呈现蔚为壮观的繁茂景象。

（作者系安徽省社会科学院研究员、安徽省文史研究馆馆员）

第一章　中华传统君子人格论

“君子”是中华传统文化中的一个重要范畴，是传统中国人评价一个人人品的重要尺度。君子人格具有丰富的内涵，而且随着历史的发展不断变迁。“君子”一词最早见于儒家群经之首的《周易》，如《乾卦·九三》“君子终日乾乾”，其意是说君子整日刚强振作不已。这说明，至少在周朝初年，或者早在商代，“君子”一词已开始为社会习用。《说文解字》解释“君”：“尊也，从尹，发号。”又解释“尹”：“握事者也。”“子”是古代对男性的尊称。可见“君子”一词最初是对统治者、贵族男子的尊称。相对应地，那些处于社会底层的平民，则被称为“小人”，也就是小人物的意思。起初，“君子”“小人”并无道德上的褒贬之意，只是表明社会阶层和地位的区分。如《诗经·魏风·伐檀》：“彼君子兮，不素餐兮！”其意是在反讽那些尸位素餐的官老爷。由于君子位居统治阶层，他们有条件接受文化教育，所以很自然地，“君子”被寄予德才兼备的厚望。到了春秋时期，孔子丰富和完善了“君子”一词的内涵：“君子”不仅仅是指那些贵族官僚了，更主要的是指那些道德完善、品行高尚的人。相应地，“小人”更多的是指那些道德有疵、品行不正之人。君子、小人对举，成为对人品高下的评判。

孔子对君子的解说有成系统的思想，这突出体现在《论语》之中。孔子之后的先秦诸子，也有丰富的君子思想，如墨子、庄子、韩非子等，在他们的著作中都有不少对君子的理解。不过，他们理解的君子，与孔孟不同，而是墨家、道家或法家式的君子。秦汉以后，“君子”的内涵亦不断丰富。如东晋僧人僧、肇、以说“般若”、能“参玄”的人为“君子”[①]，宋元理学家眼中的“君子”带有理学气息，明代心学家眼中的“君子”又带有心学的味道。明代高僧智旭作《周易禅解》，以禅学解释《周易》中的“君子曰”，这表明儒佛君子思想已经合流了。清末戊戌变法时，谭嗣同、林旭等六人，因主张西方的君主立宪制、参与变法而被杀，时人誉为“戊戌六君子”。这样的“君子”已不同于传统意义，而带有西化的因素了。民国三年（1914），梁启超在清华大学做了一场《论君子》的演讲，他将“君子”比附于英国人所谓“劲德尔门”（gentleman，绅士），认为“吸收新文明，改良我社会，促进我政治”即新时代的君子[②]。“君子”在当今也被赋予新的内涵，即将传统君子的美德与社会主义核心价值观结合起来，从而使新时代的君子人格有了新的发展。

我们所理解的“中华传统君子人格”主要是指儒家的做人理想，具体来说，就是以“四书五经”为核心的君子人格论。自汉代以来，儒家经书成为中国人的必读经典，其君子论成为传统中国人最为广泛接受的做人理想。概括起来看，传统君子人格可体现为“身心和谐的追求”“人际关系的典范”“天人一体的境界”等，这些思想在今天仍具有强大的生命力，对于我们做什么样的人仍有深刻的启示。

第一节　身心和谐的追求

所谓“身心和谐”就是自我和谐，是指有健全的而不是分裂的人格，这是君子的基本素质。做一个身心和谐的君子，在儒家看来，应该以仁为

① 石峻、楼宇烈、方立天等：《中国佛教思想资料选编》第一册，北京：中华书局，2014年版，第153页。

② 梁启超：《君子》，《清华周刊》，1914年第20期。

本，礼乐为用。人如果身心和谐，学习、工作自然能够做好。

一、以仁为本

“仁”是儒家极为重要的一个范畴。《说文解字》释“仁”为“亲也”。“仁”有让人亲近、亲切之感。“仁”还有一义是果核的内里，如桃仁、杏仁等，它是个有生机的活物，种在地里会发芽。从这两层意思出发，“仁”既有恻怛慈爱之意，亦有生生不息、利人活物气象。因此，在孔子那里，仁是道德的根基和最高境界。在《论语》中，每当有人问起一些品德很好的人是否可称得上是“仁”的时候，孔子总是答曰：“未知。”[①]孔子之所以不轻易称赞一个人为“仁”，乃是因为“仁”是道德的源头。仁与道德乃是源与流的关系，一切的道德都是从“仁”这个源头流出。所以朱熹注《论语》说：“仁道至大，非全体而不息者，不足以当之。”[②]理学家朱熹将“仁”视为流行不息的道德全体，应该说这是合乎孔子本义的。程颐、程颢兄弟说：“医书以手足痿痹为不仁，此言最善名状。仁者以天地万物为一体，莫非己也。”[③]二程是说，如同一个瘫痪了的人，瘫痪的部位生机不通，这就是麻痹不仁。不仁就是死物，仁者与天地万物的生机都是贯通的，天地万物与自己都血脉相连。所以一个仁者，不但要让自己健康地活着，而且要让天地万物成为生命共同体，并与自己的生命互通互联。

明白了孔子“仁”的本义，我们就会对孔子关于“仁”的一些表述有深刻的了解，如：“樊迟问仁。子曰：‘爱人。’”[④]孟子发挥此义为“仁者爱人”[⑤]。“仁”有恻怛慈爱、利人活物之义，也是大自然赋予人的先天固有的德性，所以“爱人”这种行为是从“仁”那里自然生发出来的。仁者

---

① 如有人问孔子：子路、冉有、公西华、令尹子文、陈文子等人是否称得上是“仁”？孔子均答曰：“未知。”（《论语·公冶长第五》）

② 朱熹：《四书集注》，长沙：岳麓书社，1987年版，第108—109页。

③ 朱熹：《四书集注》，长沙：岳麓书社，1987年版，第131页。

④ 《论语·颜渊》。

⑤ 《孟子·离娄下》。

固然能够爱人，但爱人却不一定是仁者。如果是无原则地爱人，那不但不是仁，而且成了害人。如有歹徒正危及大众生命，见义勇为者予以制止或将歹徒击毙，这似乎是不仁，但恰恰是仁者保护大多数人更好地生存的表现。所以仁者并不反对刑杀。孔子说："唯仁者能好人，能恶人。"①"仁者必有勇，勇者不必有仁。"②也就是说，只有仁者能喜欢良善之人，能厌恶作恶之辈；只有仁者面对恶势力时能勇敢斗争，但勇敢的人未必有仁，比如"勇于"为非作歹就是不仁了。所以无原则地爱人，并非一个仁者。

二、仁不远人

明白了孔子的仁学，就能理解孔子心目中的君子了。孔子说："君子上达，小人下达。"③"君子上达"就是上达仁的境界，这个"仁"是一种恻怛慈爱、利人活物（"活"字为动词）的心态。由这个心态出发，治国理政，则能仁民爱物；与人交往，则能"己欲立而立人，己欲达而达人"④；修身养性，则能活泼乐观，健康长寿。因为精神分裂、悲观厌世乃是死物，丧失了仁的生机之理。"小人下达"按朱熹的解释就是"小人徇人欲，故日究乎污下"⑤。小人心中充满利欲，由此出发，故人成为欲望的奴隶，既人品卑污，也无真正的幸福可言。

一个君子能够与仁合一，长期地坚守仁的境界并不容易。即使如大贤颜回，孔子评价他"其心三月不违仁，其余则日月至焉而已矣"⑥。意思是说，颜回的境界只能做到较长一段时间驻守于仁，其他时间则是或日一至，或月一至，常有间断。所以孔子说："君子而不仁者有矣夫，未有小人而仁者也。"⑦其意是说君子有志于仁，但倏忽之间，心离开了仁，这是常有的

① 《论语·里仁》。
② 《论语·宪问》。
③ 《论语·宪问》
④ 《论语·雍也》。
⑤ 朱熹：《四书集注》，长沙：岳麓书社，1987年版，第226页。
⑥ 《论语·雍也》。
⑦ 《论语·宪问》。

情况；但小人从来没有进入过“仁”的境界。“仁”是一个需要追求的目标，“子曰：仁远乎哉？我欲仁，斯仁至矣”[①]，孔子认为，只要有志于求仁，仁德就会到来，“仁”离我们并不遥远。孔子又说：“君子去仁，恶乎成名？”“君子无终食之间违仁，造次必于是，颠沛必于是。”[②]大意是说，君子如果离开了“仁”，怎么能叫君子呢？君子没有一顿饭的时间背离仁德，不管是遇到仓促急迫的情况，还是颠沛流离之时，都要坚守仁德。所以对仁的坚守，是判断君子人格的一个标志。

三、仁者不忧

正是因为君子之心常驻仁德，恻怛恺悌，爱意充盈，又如桃仁、杏仁一样充满生机，所以孔子说：“君子坦荡荡，小人长戚戚。”[③]君子之所以坦荡荡，是因为君子之心坦荡平和，生机盎然；小人之所以常忧愁，是因为小人成为外在欲望的奴隶，焦虑窒息，生机全无。君子心灵是一个自足的无需外求的幸福世界，所以孔子说：“人不知而不愠，不亦君子乎？”[④]君子不求人知：人知我，不喜；人不知我，不愠。“愠”为恼怒之意。君子之所以不在乎别人的评价，是因为他的内在足够强大，他的主观世界充满生机和幸福。

君子正因为以仁德为精神家园，形成一个自足的快乐世界，所以他无论是穷还是富，无论是顺还是逆，都能保持一个恒定的愉悦心态。孔子说：“不仁者不可以久处约，不可以长处乐。”[⑤]“约”为贫困之意。也就是说，那些不仁的人，既不能长久处于贫困之中，也不能长久处于富贵之中。小人贫困时，怨天尤人、愤世嫉俗，心态如同地狱；小人富贵之时，贪得无厌、醉生梦死，貌似快乐，实际上人格分裂，精神扭曲。孔子最得意的弟

---

① 《论语·述而》。
② 《论语·里仁》。
③ 《论语·述而》。
④ 《论语·学而》。
⑤ 《论语·里仁》。

子颜回“一箪食，一瓢饮，在陋巷。人不堪其忧，回也不改其乐”[①]。颜回不改其乐，并非以贫为乐，而是因为他心怀仁德，外在的富贵贫贱不足以扰乱他的内心。孟子认为人的耳目口腹四肢为小体，心为大体，精神的快乐大于肉体之欲。孟子说：“养其小者为小人，养其大者为大人。”[②]君子以见道为乐，以养心为善。心有仁德，自成一快乐的天地，生活的贫穷不足以破坏他心灵的富足。所以孔子说：“饭蔬食，饮水，曲肱而枕之，乐亦在其中矣。不义而富且贵，于我如浮云。”[③]“曲肱而枕之”就是太穷了，连个枕头也没有，只好弯着胳膊当枕头，极言其贫。孔子又说：“仁者不忧”[④]“君子不忧不惧”[⑤]。君子无论何时，无论何种境遇，都内省不疚，心怀仁德，保持乐观坦然的心态。所以身心和谐是君子人格的一个基本表征。

四、礼乐治身心

“礼”是古代社会中形成的各种交往礼节和行为规范，“乐”指音乐、歌曲、舞蹈之属，能陶冶性情。礼有收敛约束的作用，乐有发舒娱乐的效果。礼乐是一对矛盾，但对人的身心和谐都能起到调节作用。《礼记·仲尼燕居》有云：“君子曰：礼乐不可以斯须去身。”这说明礼乐对人的修养非常重要。

礼在周代是各种社会制度的总称，举凡治国理政、观象授时、交往仪节通称之为“礼”。后世礼的内涵逐渐限于人际交往和个人的行为准则。礼，并不是凝固不变的，每个时代都有不同的礼。比如，古代丧礼，孝子要守孝三年，后世以三天代替三年；古代晚辈见了长辈，要行磕头之礼，现代人已改为握手致意了。《礼记·礼器》提出“礼，时为大”的原则，用

① 《论语·雍也》。
② 《孟子·告子上》。
③ 《论语·述而》。
④ 《论语·子罕》。
⑤ 《论语·颜渊》。

今天的话说就是，礼随时代的变化而不断作出调整，也就是与时俱进的意思。但不论“礼”怎么随时代变化，其核心意图没变：“礼也者，合于天时，设于地财，顺于鬼神，合于人心，理万物者也。”礼就是要建构一种规则和秩序，是条理万物的一种手段。对于身心和谐来说，“礼”在任何时代都是必需的。

颜回问孔子如何达到仁的境界，孔子回答说：“非礼勿视，非礼勿听，非礼勿言，非礼勿动。”[①]也就是说，不合乎礼的不要看，不合乎礼的不要听，不合乎礼的不要说，不合乎礼的不要动。当然颜回时代的礼不同于今天的礼，但是人应在一定的规则限度内视听言动，这在任何时代都是适用的。比如不该贪求的美色你去贪求，不该听的靡靡之音你去沉迷，等等，这些都会让人精神迷狂，沉沦不能自拔，哪还谈得上什么身心和谐呢！君子行为仪态，都要以礼自饬。《礼记·玉藻》：“君子之容舒迟，见所尊者齐遬（chì）。足容重，手容恭，目容端，口容止，声容静，头容直，气容肃，立容德，色容庄，坐如尸，燕居告温温。”大意是说，君子举止娴雅，遇到尊长时，要马上起迎，脚步、手势要庄重恭敬，目光端正，口不妄言，声音安静，抬头挺胸，气色严肃，要站有站相，面色庄重，坐姿要像祭祀中装扮的受祭人那样端正，闲居的时候要和善，吩咐人办事要温和。这些都是以礼约束自己的表现。礼是做人的底线，以礼自律，以礼约束身心，方能和谐。

孔子十分重视乐教，并把音乐作为“六艺”之一进行传授。他认为音乐对人身心有益，能陶冶人的情操，人的健康发展应该“兴于《诗》，立于礼，成于乐”[②]；“安上治民，莫善于礼。移风易俗，莫善于乐”[③]。孔子认为理想的音乐应是尽善尽美的，不仅形式上美感动人，内容上也能扬善去恶、弘扬正气。他评价《韶》乐“尽美矣，又尽善也”[④]。他认为理想的音

① 《论语·颜渊》。
② 《论语·泰伯》。
③ 《孝经·广要道》。
④ 《论语·八佾》。

乐应该具有中和之美，所谓“乐而不淫，哀而不伤”[①]。孔子主张远离不良音乐，“放郑声，远佞人。郑声淫，佞人殆”[②]。《诗经》中的郑、卫之风多男女情歌，孔子将郑声视为靡靡之音，将其与“佞人”（花言巧语、心术不正的人）并列，认为郑声能动摇人的心志，应当远离而不可溺于其中。孔子主张音乐以“思无邪”为原则。《礼记·乐记》：“先王之制礼乐也，非以极口腹耳目之欲也，将以教民平好恶而反人道之正也。”乐发抒性情，有快乐之意；礼约束身心，有严肃之意。做人要既严肃又活泼，既快乐又庄重，才是礼乐的真精神。“乐至则无怨，礼至则不争”“大乐与天地同和，大礼与天地同节”[③]。乐主和乐（lè），礼主节制。礼乐并用，才能真正促进人们身心的和谐以及健全人格的养成。

总之，“仁”在孔子那里是德性的总名，它先天地根植于人们的心中，成为真善美的一方净土。朱熹说：“仁者，本心之全德。”[④]这个解释非常好。每个人都有一颗仁心，每个人都有望成为君子，但之所以成了小人，是因为不正当的欲望将仁心给遮蔽了。仁心好比是一个宝藏，发掘它就会建构一个幸福的世界。但有些人认识不到自己有宝藏，反而认为幸福或在于满足口腹之欲，或在于功名富贵，或在于他人的欣羡，就如唐代文学家柳宗元所写《蝜蝂传》中的小虫蝜蝂，每遇一物就背在身上，直到不堪重负而死。王阳明有诗说：“抛却自家无尽藏，沿门持钵效贫儿。”[⑤]“无尽藏”是无尽的宝藏之意，抛却了内心的宝藏仁德（良知），而向外无止境地贪求，贪求虽多，无异于贫儿。孔子说：“苟志于仁矣，无恶。”[⑥]如果有志于仁德，就会远离一切恶行和毛病；因为仁者的内心春意盎然，恻怛慈爱，由此心态发为行动，对人则与人为善，对己则幸福喜乐。“仁”还有生生不

① 《论语·八佾》。

② 《论语·卫灵公》。

③ 《礼记·乐记》。

④ 朱熹：《四书集注》，长沙：岳麓书社，1987年版，第191页。

⑤ 王守仁：《王阳明全集》，吴光、钱明、董平等编校，上海：上海古籍出版社，1992年版，第790页。

⑥ 《论语·里仁》。

息之意，君子取法于此，故能如《周易·乾卦》所说：“天行健，君子以自强不息。”孔子说：“君子求诸己，小人求诸人。”[①]其意是说君子求之于己，取法仁者生命不息、奋斗不止之意，从而充实壮大自己，而不是把自己的发展寄托在别人身上。君子仁德发显于外，其为人处世就有一定的章法，这种章法表现为“礼”。礼有收敛和自我约束之意，如果过了头，就会导致拘谨和沉闷；所以礼需要与乐结合，乐主发舒，能激扬性情，礼乐结合，相得益彰，才能成就仁德。这些品格，最终指向是培养身心和谐、人格健全的君子。

第二节　人际关系的典范

在“仁、义、智、礼、信”君子五德之中，如果说“仁”更多地指向身心和谐并作为立人之本的话，“义、智、礼、信”则是君子仁德之心的外显和运用，是君子处理人际关系时的普遍法则。

“义者宜也”[②]，义有适宜、无过无不及、刚刚好、恰恰好之意。“义”是仁德的外显，仁有慈爱之意，但其外显需要适宜。比如对人过于慈爱，不讲原则是非，这样的慈爱就变成了害；但如果慈爱之心缺乏，则刻薄寡恩，冷漠无情。过和不及，都是不义。

君子处理人际关系，讲求一个“义”，就是适宜、合宜。传统君子人格要求处理好父子、君臣、夫妇、兄弟、朋友这五种人伦关系。具体来说就是父子有亲，君臣有义，男女有别，长幼有序，朋友有信。这五种关系扩展开来，构成古代一切的社会人伦关系。

---

① 《论语·卫灵公》。

② 《中庸》。

一、父子有亲

父子关系，讲求父慈子孝。作为父亲，对于子女，不仅要在物质上将他们抚养成人，更要重视子女教育，《三字经》说："子不教，父之过。"教育子女首重树德立品。诸葛亮在其《诫子书》中写道："夫君子之行，静以修身，俭以养德，非澹泊无以明志，非宁静无以致远。"[①]具有良好的品德是做好一切事业的基础。身为子女，对于父母长辈要恭行孝悌之道。孔子的弟子有子说："其为人也孝弟，而好犯上者，鲜矣，不好犯上而好作乱者，未之有也。君子务本，本立而道生。孝弟也者，其为仁之本与？"[②]善事父母为孝，善事兄长为弟（同"悌"）。做子女的，如果心存对父母长辈的感恩之情，就不会犯法作乱，因为孝子担心如果为非作歹，就会让父母蒙羞，故孝子不忍作恶。所以孝悌是君子做人之本，也是为仁之本。二程解释说："孝弟是仁之一事。谓之行仁之本则可，谓是仁之本则不可。盖仁是性也，孝弟是用也。"[③]仁是恻怛之心，孝悌是仁的发用。一个君子在做人方面，首重孝悌。当然，君子孝顺父母，论心不论迹。心是指一颗孝心，迹是孝顺的行动和表象。人的能力、经济条件千差万别，孝敬父母并不仅看子女为其提供多少经济保障。一个大富翁钱袋子里漏出一点，就可能为其父母提供常人难以企及的物质生活，但他未必成为儒家眼中的孝子；相反，一个乞丐乞讨来的半碗饭分一半给父母，因其孝心仍可能成为众人称赞的孝子。所以孔子说："今之孝者，是谓能养。至于犬马，皆能有养；不敬，何以别乎？"[④]真正的孝道，是看子女对父母是否有一颗孝心，看是否真正尊重父母。心中有父母的人，不愿让父母蒙羞，他在做人方面，就会

---

① 诸葛亮：《诸葛亮集校注》卷一《诫子书》，张连科、管淑珍校注，天津：天津古籍出版社，2008年版，第109页。

② 《论语·学而》。

③ 朱熹：《四书集注》，长沙：岳麓书社，1987年版，第66页。

④ 《论语·为政》。

严格要求自己。所以孔子说："爱亲者不敢恶于人，敬亲者不敢慢于人。"[①]就是说爱父母的孝子不敢做一个人人讨厌的人，敬父母的孝子不敢轻慢他人。爱惜名声是君子的一个表征，也是孝亲的应有之义。当然，儒家提倡孝道的同时，又反对愚孝。《孝经·谏诤》中说："父有争子，则身不陷于不义。故当不义，则子不可以不争于父。""争"同"诤"，进谏劝说的意思。父母有错时，子女当帮助纠正，不可使父母陷入不义的境地。所以，孝顺非指一味顺从，真正的孝子一定也是个高尚的君子。

二、君臣有义

儒家主张君与臣之间相处要有一个适宜的度，这就是所谓君臣有义。孔子说："君君，臣臣，父父，子子。"[②]大意是说做国君的要有国君的样子，做臣子的要有臣子的样子，做父亲的要有父亲的样子，做人子的要有人子的样子。父慈子孝是出于血缘关系，父子有亲，是一种天然的情感。而君臣以义相合，合义则成为君臣，不合义则君臣关系也就解体了。所以君臣关系更像是后天的一种契约关系。君是一国领导人，在德行方面，要作全国的表率，孟子说："君仁，莫不仁。君义，莫不义。君正，莫不正。"[③]国家领导人自身行仁义，品行正派，则能带动全国人民尊崇道德。臣是负责某一方面的官员，在君的领导下工作。《大学》有言："为人君，止于仁；为人臣，止于敬。""止"，做到的意思。"敬"不仅指对国君尊敬，还有敬业之意。也就是说，做臣子的要敬业，要做好自己的本职工作。在处理君臣关系上，孔子说："君使臣以礼，臣事君以忠。"[④]君对待臣子要有一定的礼数，给予一定的尊重；臣为君办事，要忠于王事，尽心尽力地完成国君交办的任务。君臣关系是旧时代的政治架构，现在已经不存在了。君子处理上下级关系时，有些原则可以适用。君子若处在上级位置，对下

① 《孝经·天子》。
② 《论语·颜渊》。
③ 《孟子·离娄上》。
④ 《论语·八佾》。

级要仁厚；君子若处在下级位置，对上级应尊重，并且要忠于本职工作，完成上级交办的任务。上下级之间要将心比心，用《大学》中的话来说就是“所恶于上，毋以使下；所恶于下，毋以事上”（你如果厌恶上级对你的态度，就不要再用这种态度对待你的下级了；你如果厌恶下级对你的态度，就不要用这种态度对待你的上级了）；用《中庸》中的话来说就是“在上位不陵下，在下位不援上”（作为上级不要欺凌下级，作为下级不要对上级形成人身依附）。总之，上下级关系以义相合，合则在一起共事，不合则离开。孔子说的“邦有道，则仕；邦无道，则可卷而怀之”（“卷而怀之”指退藏归隐）即此意。

三、男女有别

在古代，男女之间在交往上存在着一定的禁忌，男女有别。在远古母系氏族社会，曾出现过群婚制，人只知其母，不知其父。后来逐步进入父系氏族社会，为保障血统的纯正性，男女性关系不可任性而为，只限定在婚姻制度之内。《礼记·昏义》载：“男女有别，而后夫妇有义；夫妇有义，而后父子有亲；父子有亲，而后君臣有正。”只有“男女有别”，性关系局限在婚姻制度之内，才能确保父子关系在血缘上的真实性，“父子有亲”是人的天性，但前提是父子关系是真实的。在性关系上持严肃的态度，有利于夫妇齐心协力共同抚养下一代，从而保障人类社会的稳定运行。《大戴礼记·盛德》：“凡淫乱生于男女无别，夫妇无义。婚礼享聘者，所以别男女，明夫妇之义也。”如果男女无别，男子在性关系上不负责任，则孩子仅靠母亲难以得到有效抚养，所以古人重视婚礼，以婚礼确定性关系的合法性和严肃性。《礼记·乐记》：“礼者，所以缀淫也。”郑玄注：“缀，犹止也。”慎重地对待两性关系，作风正派，是古代评价君子的标准之一。

四、长幼有序

儒家主张在长幼尊卑之间应建立一种秩序。“长”“幼”在不同的语境下所指对象不同。在古代宗族之内，辈分高的为长，辈分低的为幼；同一辈分中，年高者为长，年幼者为幼；宗族之外的人，则以年龄大小区别长幼。长幼有序，在五伦关系中，主要是指兄弟关系。儒家强调孝悌之道，《论语·学而》："孝弟也者，其为仁之本与！""弟"通"悌"，本义为敬爱、尊重兄长。朱熹解释说："善事父母为孝，善事兄长为弟。"[①]从年龄上看，兄在弟先，弟弟要尊重兄长；反过来，作为兄长，也要关爱弟弟，所以《礼记·礼运》将"兄良弟弟（悌）"视为基本道义。《管子·五辅》有："为人兄者宽裕以诲，为人弟者比顺以敬。"[②]这是说作为兄长要宽厚地教诲弟弟，作为弟弟对兄长要恭顺敬重。《墨子·兼爱下》说："为人父必慈，为人子必孝，为人兄必友，为人弟必悌。"[③]这是最理想的父子兄弟关系。汉代贾谊《新书·道术》中说："兄敬爱弟谓之友，反友为虐；弟敬爱兄谓之悌。"[④]兄弟之间是互相友爱的关系。《诗经·小雅·常棣》写兄弟之情最为感人："常棣之花，鄂不韡韡。凡今之人，莫如兄弟。死丧之威，兄弟孔怀。原隰裒矣，兄弟求矣。"（棠棣树上花朵朵，花萼花蕾俱光泽。试看当今世上人，相亲哪能如兄弟。死丧想来最可畏，只有兄弟最关心。假如山川地震变，只有兄弟来找寻）"兄弟既翕，和乐且湛。"（兄弟感情既融洽，和睦相处乐无比）善处兄弟关系，也是评价君子的标准之一。

五、朋友有信

"信"是诚信之意。孔子说："人而无信，不知其可也。大车无輗，小车无軏，其何以行之哉？"[⑤]意思是说，人缺少信用，那怎么行呢？如同大车缺少了輗（古代大车辕端用来连接、固定横木或车轭的部件），小车缺少了軏（古代车辕与车横木相连接处的销钉），这样车子是走不动的。孔子的

① 朱熹：《四书集注》，长沙：岳麓书社，1987年版，第66页。

② 黎翔凤：《管子校注》，梁运华整理，北京：中华书局，2004年版，第198页。

③ 《墨子》，方勇译注，北京：中华书局，2011年版，第150页。

④ 贾谊：《新书》，方向东译注，北京：中华书局，2012年版，第252页。

⑤ 《论语·为政》。

理想是建设一个“老者安之，朋友信之，少者怀之”的美好社会。在这个社会里，老人得以安顿，朋友之间普遍讲信用，小孩子能得到关爱抚养。孔子还认为，有三种朋友对人有益：“友直，友谅，友多闻。”[①]照朱熹的解释，“友谅”就是朋友讲诚信。[②]孔子认为诚信是人际交往非常重要的原则：“言忠信，行笃敬，虽蛮貊之邦行矣；言不忠信，行不笃敬，虽州里行乎哉？”[③]一个人若是忠信诚恳，就是生活在荒蛮的外邦也能行得通；如果说话不诚信，行为不老实，就是在乡里也行不通啊。孔子最讨厌“巧言、令色、足恭”之人[④]，即花言巧语的人，伪善谄媚的人，过分恭敬的人，这些人之所以讨嫌，是因为他们心有不诚。孔子的弟子也特别强调朋友之交要讲诚信，子夏说：“与朋友交，言而有信。”曾参说：“吾日三省吾身，为人谋而不忠乎？与朋友交而不信乎？传不习乎？”[⑤]曾子还认为，只有讲诚信，才可以成为君子，他说：“可以托六尺之孤，可以寄百里之命，临大节而不可夺，君子人与？君子人也。”[⑥]其意是说：可以把幼小的孤儿托付给他，可以将一个诸侯国的命脉寄托于他，面对安危存亡的紧要关头，能够不动摇屈服，这样的人是君子吗？这样的人是君子啊。

当然，诚信的前提是“仁”和“义”。不以仁义为前提的诚信，也是不足取的。孔子说：“言必信，行必果，硁硁然小人哉！”[⑦]“言必信，行必果。”在一些性格强硬的市井小人中也常见到，比如一些黑社会头子对其同伙有时也讲诚信。所以诚信如果不同正义连接，将会失去其应有的道义价值。孔子说：“好信不好学，其蔽也贼。”[⑧]“贼”，朱熹注为“伤害于物”[⑨]。一个人好讲诚信而不懂做人大义，其流弊会造成伤人害物。所以孔

① 《论语·季氏》。
② 朱熹：《四书集注》，长沙：岳麓书社，1987年版，第250页。
③ 《论语·卫灵公》。
④ 《论语·公冶长》。
⑤ 《论语·学而》。
⑥ 《论语·泰伯》。
⑦ 《论语·子路》。
⑧ 《论语·阳货》。
⑨ 朱熹：《四书集注》，长沙：岳麓书社，1987年版，第259页。

子反对朋友在一起“群居终日，言不及义”[1]。朋友聚在一起，整日瞎混胡闹，不说一句好话，这有什么益处呢？孔子又说：“君子义以为质，礼以行之，孙（逊）以出之，信以成之。君子哉！”[2]真正的君子以义为本质，凭借礼以实践义，谦逊地将这“义”表现出来，通过诚信来实现自己的人生大义，这才是君子啊！

总之，在人际关系处理上，儒家重视处理五伦关系，即父子有亲，君臣有义，男女有别，长幼有序，朋友有信。五伦关系涵盖了一切的社会关系，五伦关系处理好了，人际关系和谐，社会也和谐。除此之外，孔子还有很多善处人际关系的格言警句。如“君子成人之美，不成人之恶，小反是”[3]（君子成全别人的好事，不促成别人的坏事。小人则与此相反）；“躬自厚而薄责于人，则远怨矣”[4]（君子严格要求并反省自己，少去责备别人，就可以远离别人的怨恨了）；“君子矜而不争，群而不党”[5]（君子持身严谨，不和别人作无谓的意气之争，能合群但不结党营私）；“己所不欲，勿施于人”[6]（自己所不愿意接受的，不要施加到别人身上）；等等。这些都是君子善处人际关系的重要原则。

第三节　天人合一的境界

“天人合一”是中国非常重要的传统思想，也是君子人格的必备境界。“天人合一”在道家那里有很多论述，如庄子所说“天地与我并生，而万物

① 《论语·卫灵公》。
② 《论语·卫灵公》。
③ 《论语·颜渊》。
④ 《论语·卫灵公》。
⑤ 《论语·卫灵公》。
⑥ 《论语·卫灵公》。

与我为一”[1]。道家所说的“天人合一”主要是指人与自然的一体性，这与儒家所谓“天人合一”有较大区别。在儒家看来，“道之大原出于天”[2]，就是说，仁、义、礼、智这些人类的德性都是人天生就有的，这个“天”主要是指人的天性和自然性，不仅仅指头上的那片天空。所以儒家的“天人合一”观念，主要是指道德的天赋性，人能实践道德，就能天人一体，进入天人合一的境界了。

一、君子知天

“天”有天然之意。儒家所谓君子知天，不是指科学意义上的探究天象，而是为了解道德是从哪里来的，从而更好地实践道德。在孟子看来，吃、喝、拉、撒、睡是一切动物的本能，包括人在内，说这些是人性固然也没错，但“君子不谓性也”[3]。为什么君子不把这些看作人性呢？因为这些牛、马、猪、狗也有，如果这是人性的话，牛、马、猪、狗也有人性了，这样人性和动物性就没办法区分了。所谓人性是人和动物区别开来特有的性，这种特有的性，在孟子看来就是“仁、义、礼、智”。孟子认为，“仁、义、礼、智”是天赋的人性。比方说，人见到一个小孩子即将掉到井里，就会情不自禁地想拉这孩子一把，这样做并非为了和孩子父母交朋友，也不是为了在乡亲们面前捞个好名声，而纯粹是发自人的本能的一种“不忍之心”和“恻隐之心”。这种出自本能的同情心就是人的天性，也就是天赋之性。同样地，人天生有羞耻之心，即便是原始人也知道用几片树叶遮住私处，动物却没有这种羞耻心。所以孟子说：“无恻隐之心，非人也；无羞恶之心，非人也；无辞让之心，非人也；无是非之心，非人也。恻隐之心，仁之端也；羞恶之心，义之端也；辞让之心，礼之端也；是非之心，智之端也。人之有是四端也，犹其有四体也。有是四端而自谓不能者，自贼者

① 陈鼓应注译：《庄子今注今译》，北京：中华书局，2009年版，第80页。
② 班固：《汉书》，北京：中华书局，2002年版，第12—13页。
③ 《孟子·尽心下》。

也。”[①]恻隐心、羞恶心、辞让心、是非心是人天赋的德性，也就是人所特有的性，是人和动物区别开来的真正的人性，它是仁、义、礼、智四德的端芽。人有此四性，就如同人有四肢一样。人有胳膊腿能运动，这是本能；人有仁、义、礼、智四端，这是心灵的本能。有这种心灵本能而不去发挥，就如同有四肢而不运动一样，这等于是“自贼”，也就是自残的意思。所以在孟子看来，“仁、义、礼、智，非由外铄我也，我固有之也”[②]，“仁、义、礼、智”并非由外在的他人向你内心灌输的道德教条，而是你天生即有的德性。《中庸》说“天命之谓性”，即天赋予的才是“性”。实践“仁、义、礼、智”四种德性，并让其发扬光大，就是实现了人的天性，实现了天性就等于与天合一，进入天人一体的境界。

二、君子下学而上达

孔子主张“下学而上达”[③]。他又说：“君子上达，小人下达。”这个“上达”即指君子上通天理；“下达”是指小人只知徇口腹之欲，境界卑下。上达天理是指上知仁、义、礼、智是来自人的天性，从而实践这种天性，就是天人一体或天人合一了，换个说法就是实现了大自然赋予人的本性。孟子说：“口之于味也，有同耆焉；耳之于声也，有同听焉；目之于色也，有同美焉。至于心，独无所同然乎？心之所同然者何也？谓理也，义也，圣人先得我心之所同然耳。故理义之悦我心，犹刍豢之悦我口。”[④]也就是说，耳目口鼻享乐，人们的感受是差不多的，比如刺耳的声音，谁都不愿听，美好的音乐谁都喜欢听；恶臭变质的食物谁都不愿吃，美食谁都喜欢吃，这些都是天赋予人耳目口鼻的性。同样地，将心比心，人们对于道德的评价也是差不多的，损人利己无论是谁都不喜欢，“仁、义、礼、智”无论是谁都肯定，所以孟子说“理义之悦我心”，就像刍豢（美味）之悦我口

① 《孟子·公孙丑》。
② 《孟子·告子上》。
③ 《论语·宪问》。
④ 《孟子·告子上》。

一样的。君子上达，就是上达这些天赋的道德本性。小人下达，就是只知追求躯壳的欲望。孟子主张“性善”，性善也就是心善，人们的心，天生就有恻隐、羞恶、辞让、是非之心，也就是仁、义、礼、智四端。“心”满足了这四端，人就会快乐；伤害这四端，人就会痛苦。孟子将人的耳、目、口、鼻、四肢等器官称为“小体”，将心称为“大体”，“从其大体，为大人；从其小体，为小人”[①]。只有首先满足心灵需要，做一个道德的人，才是大人君子。孟子又说：“尽其心者，知其性也。知其性，则知天矣。存其心，养其性，所以事天也。”[②]“尽心”是指充分发挥人天生固有的“恻隐、羞恶、辞让、是非”之心。一旦尽其本有之心，则会了解人心的本性；知道了人的本性，则能上达天理。存心、养性，都是人听从天意、顺应自然的修养功夫。因此，所谓上达，就是上知仁、义、礼、智四德来源于天理，上达就是天人合一。

孔子同时又说“下学而上达”，强调“下学”的重要性。“下学”就是下学人事，学做人的道理。孔子说：“生而知之者，上也；学而知之者，次也；困而学之，又其次也；困而不学，民斯为下矣。”[③]大意是说：天资高的人，不用教就明白做人的道理，这是上等人；通过受教育明白做人道理的，这是次等人；经历了人生困惑而又要求学习做人的，又是再次一等的人；困而不知学，才是最下等的人。孔子这里的“学”主要还是指学习如何做一个道德的人。儒家十分强调下学的功夫，因为生而知之能上达天理的人不多，多数人还是普通资质，要通过学习来加强道德修养。“下学”的目的是“上达”，反过来说，“上达”也即在“下学”之中。《中庸》认为，“天下之达道五，所以行之者三”，君臣、父子、夫妇、兄弟、朋友关系称之为“五达道”，“智、仁、勇”称之为“三达德”。对于“五达道”“三达德”，“或生而知之，或学而知之，或困而知之，及其知之，一也。或安而

① 《孟子·告子上》。
② 《孟子·尽心上》。
③ 《论语·季氏》。

行之，或利而行之，或勉强而行之，及其成功，一也”。对于道德，不管是生而知之，还是学而知之，又或困而知之，最终都达到了“知”；无论是自觉地实践道德，还是为了个人利益而实践道德，或者被勉强着实践道德，最后的成功是一样的。所以《中庸》强调“君子尊德性而好问学”，认为“好学近乎知”，这个“知”通“智”，是聪明、智慧之意。《论语》开篇“学而时习之，不亦说乎”，首重一个“学”字，说明学习对人来说是多么重要！孔子说：“君子有九思：视思明，听思聪，色思温，貌思恭，言思忠，事思敬，疑思问，忿思难，见得思义。”[①]什么该看、该听，什么不该看、不该听；待人接物的态度如何、仪容如何、说话做事如何；有疑虑时怎么办，愤怒时怎么办，遇到利益时怎么办：这些都需要一个“学”字才能正确处理。当然，儒家所谓“学”与当今所谓“求知”不尽相同，主要还是道德伦理之学，目的是做一个“下学而上达”的君子。

三、君子乐天

“乐天”也是君子“天人合一”的应有之义。前文已经说过，“仁”既有恻隐、慈爱之意，又有生机、生命的意味，如花生仁、果仁等。仁是天赋予人心的固有德性。一个人若麻木不仁，如同瘫痪病人的肢体失去知觉，是很痛苦的事。君子有仁德，如同身体血脉贯通、生机盎然，这是很健康快乐的一种状态。孔子说：“夫仁者，己欲立而立人，己欲达而达人，能近取譬，可谓仁之方也已。”[②]一个仁者，自己欲生存，同时也应让别人生存，自己想发展，同时也应让别人发展。当然仁不止这些，能结合自己多方面举例譬喻，就知道如何去行仁德了。宋代理学家程颐、程颢说得好：“医书以手足痿痹为不仁，此言最善名状。仁者以天地万物为一体，莫非己也。”[③]一个仁者与天地万物是一体的，他不只是爱人，还能爱物，这就是

① 《论语·季氏》。
② 《论语·雍也》。
③ 朱熹：《四书集注》，长沙：岳麓书社，1987年版，第131页。

所谓“仁民爱物”，能达到这个境界，他的心灵就不会痿痹不仁，而是一种健康快乐的状态。《周易·系辞下》：“天地之大德曰生。”天地的德性是使万物能够生存，君子取法于此，存此仁心，即与天地合一。与天为一，即进入乐境。所以孟子说：“万物皆备于我矣。反身而诚，乐莫大焉。强恕而行，求仁莫近焉。”[①]之所以万物皆备于我，是因为心能体现天地的仁德，无物不载，反思此理觉得很真实，就会觉得人天合一，这是非常快乐的事。孟子还说有“人爵”“天爵”之分。“人爵”就是人的社会地位如官位等，普通人都以此为光荣而追求；所谓“天爵”就是大自然（天）赋予人的无比宝贵的德性。“仁义忠信，乐善不倦，此天爵也”[②]，“乐善不倦”是人的天性，实践此宝贵的天性，人就会无比地快乐。所以孟子说：“君子所性，仁、义、礼、智根于心。其生色也，睟然见于面，盎于背，施于四体，四体不言而喻。”[③]这段话大意是说，仁、义、礼、智是天赋予人心的本能，如能存此心不失，则能由面貌显现出来，所谓“相由心生”即是此理。由仁、义、礼、智之心呈现出来的面貌，是一种清和润泽（睟）、丰厚盈溢（盎）的气色，这是积于内发于外的深沉之乐。

当孔子让弟子们各言其志时，曾点说他的志向是：“莫春者三月，春服既成。冠者五六人，童子六七人，浴乎沂，风乎舞雩，咏而归。”孔子听了之后感叹说：“吾与点也。”[④]孔子为什么会赞成曾点的观点呢？朱熹解释得比较好，说曾点“胸次悠然、直与天地万物上下同流、各得其所之妙，隐然自见于言外”[⑤]。这是说曾点已达到天人合一之境。二程进一步发挥说：“‘浴乎沂，风乎舞雩，咏而归’，言乐而得其所也。孔子之志，在于‘老者安之，朋友信之，少者怀之’，使万物莫不遂其性。曾点知之，故夫子喟

① 《孟子·尽心上》。
② 《孟子·告子上》。
③ 《孟子·尽心上》。
④ 《论语·先进》。
⑤ 朱熹：《四书集注》，长沙：岳麓书社，1987年版，第190页。

然叹曰：'吾与点也。'"[1]天地有生人生物之德，让万物各遂其本性，就是天人一体。老者安之，朋友信之，少者怀之，这些体现了天性天道。曾点已知孔子之志，故有"浴沂""舞雩"之乐境，这是天人一体能体现仁者之心的快乐。

明乎此，就明白孔子为什么反复说一个"乐"字了，如"仁者不忧"[2]"乐以忘忧"[3]"贫而乐，富而好礼"[4]等等。君子之所以乐，实是乐天之所赋予我的德性，是一种天人合一的境界。

四、君子知命

孔子说："不知命，无以为君子也。"[5]可见"知命"是君子的一个重要特征。知命是与天人合一有深刻关系的。这个"命"字即指"天命"。这个"天命"有两层含义，第一层含义是前面所言"天"（换言之，即"大自然"）赋予人的一切特质，主要是指仁、义、礼、智人性四德；第二层含义就是世俗所谓"命运"，指人一生的贫富贵贱、运气好坏等。儒家是相信命运一说的，认为人的命由天定。孔子说过："君子有三畏：畏天命，畏大人，畏圣人之言。"[6]这个"畏"是敬畏的意思。"畏天命"就是敬畏天命，既要敬畏天赋予人的人性本质，又要敬畏命运的安排。孔子还说："死生有命，富贵在天。"[7]（按：这是子夏从孔子那里听来的话）孔子的学生冉耕病重，孔子悲叹道："命亦夫！斯人而有斯疾也！"[8]意思是说这样的好人竟然得了这种恶病，这是命运啊！孔子周游列国时，在匡地遭人围攻，但孔子并没有显得慌乱，而是说："天之未丧斯文也，匡人其如予何？"[9]孔子相

① 朱熹：《四书集注》，长沙：岳麓书社，1987年版，第190页。
② 《论语·子罕》。
③ 《论语·述而》。
④ 《论语·学而》。
⑤ 《论语·尧曰》。
⑥ 《论语·季氏》。
⑦ 《论语·颜渊》。
⑧ 《论语·雍也》。
⑨ 《论语·子罕》。

信，人的生死是上天安排的，匡人奈何不了他，更何况孔子自信上天是不会失去他这个文化传人的。孟子亦继承了孔子的天命思想。他说：“莫非命也，顺受其正。是故知命者不立乎岩墙之下。尽其道而死者，正命也。桎梏死者，非正命也。”[①]其意是说，人的吉凶祸福都是天命安排的，人顺应天命，是为“正命”。虽然祸福有命不由己，但人还是不能站在危墙之下，也不能去触犯法律，人为地招祸，这不是正命。做好自己的事，祸福成败听天命安排，这才是“正命”。孟子认为，勤奋学习，强化道德修养，这是我能做的，也能得到的，但是富贵利达是身外之物，这不是求来的，是由天命决定的。所以他说：“求则得之，舍则失之，是求有益于得也，求在我者也。求之有道，得之有命，是求无益于得也，求在外者也。”[②]所谓“求在我”就是求上天赋予我内在的道德理性，这个是可以求来的，“求在外”是指求取功名富贵，这个是由天命决定的，不是自己能求来的。其实这个道理，孔子也曾说过：“富而可求，虽执鞭之士，吾亦为之。如不可求，从吾所好。”[③]孔子并不排斥富贵，他说如果富贵可求的话，就是给人赶车，他也愿意干。问题是孔子这句话的重心在于“如不可求”，其实是说富贵由天命决定，不是我能求来的。如果不能求来，还不如遵从我的爱好。结合孔子一贯的思想，这个“所好”只能是上天赋予人的道德理性，也就是做个自我完善的人。

孔子所谓“命运”并不是宣扬神学，仿佛天上真有一个神支配着人的命运，孔子并无这个意思。这个“天”其实就是包括人自身因素在内的一切自然、社会和历史条件，这些众多的因素交织在一起，条件具备了，就会显现出一个结果，这个结果就是所谓“天命”。天命其实是指不可抗拒的因素，不以人的意志为转移。人顺从天命，并不完全是消极的，也有正视现实、接受现实的意味。“君子知命”既要知天所赋予人的仁、义、礼、智

① 《孟子·尽心上》。
② 《孟子·尽心上》。
③ 《论语·述而》。

四德，发掘人的内在的优良品质，这个可以操之在我；又要在富贵利达、得失顺逆等个人境遇方面顺应命运的安排，不能患得患失、怨天尤人。能做到这两点，就是君子知命，知命也就进入了天人合一之境。

换而言之，传统儒家的天人关系，是追求天人合一。其核心思想是人要实践天或者大自然赋予人这个物种的道德理性，人能实践仁、义、礼、智，就是发挥了人所特有的天性，使天性得以张扬，就是天人合一了。如果人出于自私愚昧，扼杀了自己固有的来自天的道德理性，就会陷入分裂，走向罪恶。实践人的天性，人才是幸福快乐的人，才能成为一个乐天派。孔子、孟子都认为，仁、义、礼、智是我所固有的真正的宝藏，发掘此宝藏可以操之在我；至于富贵利达等身外之物，并不是个人想求就一定能求得到的，个人是否富贵利达是由"命"决定的，这个命也来自天。顺从命运，也是"天人合一"的应有之义。这类似于"只问耕耘，不问收获"，有其积极意义。

思考题：

1.怎样理解君子人格的时代性？

2.传统君子人格是如何做到身心和谐的？

3.传统君子人格是如何处理人伦关系的？

4.如何理解传统君子人格"天人合一"的境界？

延伸阅读：君子人格典范之一

传统君子典型——方苞

方苞（1668—1749），字凤九，一字灵皋，晚年自号望溪，安徽桐城人。他是清代著名理学家，桐城文派的代表人物。

生平简历　方苞幼时聪颖，有神童之称。有一天，他的父亲看着窗外的雾气，顺口吟了句"鸡声隔雾"，年仅4岁的方苞立即答曰"龙气成云"，一时乡里传为佳话。

方苞7岁阅《史记》，10岁读《五经注疏大全》。家甚贫，冬无絮衣，饘粥不继，仍力学不辍。16岁中秀才，24岁入京师国子监，文名大振，被称为“江南第一”。32岁以江南乡试第一名中举，39岁赴京参加会试考取进士第4名。

康熙五十年（1711），发生了著名的文字狱事件“《南山集》案”，方苞因为曾给戴名世的《南山集》写过序，被株连下江宁县监狱，不久被押解至京城下刑部狱，初判为死刑。在狱两年，方苞仍读书不辍。狱中难友整日惶恐不安，看到方苞仍泰然自若地读书，感觉挺讨厌的，于是夺方苞手中的书投掷于地，呵斥说：“你还能活几天？还在这里看书！”方苞却说：“朝闻道，夕死可也！”友人王澍入狱来看望，方苞解衣般礴，与朋友咨经诹史，探讨学问，旁若无人。狱友讥讽说：“君纵忘此地为圜土，身负死刑，奈旁观姗笑何？”

康熙五十二年（1713），方苞因友人李光地极力营救，始得康熙帝亲笔批示“方苞学问天下莫不闻”，遂免死出狱，以平民身份入南书房担任皇帝的文学侍从。康熙六十一年（1722），方苞任武英殿修书总裁。雍正九年（1731），授詹事府左春坊左中允，次年迁翰林院侍讲学士。雍正十一年（1733），提升为内阁学士，任礼部侍郎，充《一统志》总裁。乾隆十四年（1749）病逝，享年82岁，葬于江苏六合。

方苞为桐城文派鼻祖，著有《望溪先生文集》以及若干部研究《周官》《礼记》的经学著作。今有上海古籍出版社出版的刘季高点校的《方苞集》。

学行人品 据苏惇元《方望溪先生年谱》：“先生（方苞）貌怯瘦，身长，而微有痘斑，目光视人如电，胆怯者当之，辄心悸不能语。”他性格端方刚直，喜面折人过，对朋友责善犹严。友人若有过错，直言无隐，常常让人面子上挂不住，即便最好的朋友，亦认为方苞太迂。

方苞与诸大臣交游，总以天下公义、古贤大节相砥淬，从不以私事干求于人。友人李光地从直隶巡抚任上入阁为相，方苞前去祝贺，问李光地：

“自从进入清朝以来，通过科举考试，官至相位的有几人?”李光地屈指数了数，说有五十余人。方苞说：“甫六十年而已得五十余人，则其不足重也明矣。望公更请其可重者!”意思是说，六十年来通过科举，官至相位的有五十多人，这没什么了不起的，希望您能做出一番利国利民的大事业来，这才是最重要的！当时在场的人都为之咋舌，感叹从未见过方苞这样的直人，“无怪乎见者皆不乐闻其言也”。

高裔（字素候）曾是方苞的老师，在他40岁生日那天，方苞为其师作《高素候先生四十寿序》云：“今公为文学侍从之官，曾主乡试，视学政，不失士心，亦守官之常。余居门下数年，窃惧公循致高位，而碌碌无所成也。”方苞责善竟责到老师的头上。高裔将方苞的寿序文贴到墙上，观者骇怪，每戏言说：“碌碌无成，至为门生讪笑。”过了一个月，高裔对方苞说，你以后可别轻易给人写序文了，世上的人怕听真话、直话，你给我写的寿序，心意很好，但家中来客看到后，“皆谓我有不肖之行，而为世所讥切也”。方苞问：“为何不从墙上撕下来呢?”高裔说：“吾正欲使诸公一闻天下之正议耳。”弟子责善直言，老师虚心从谏，师生高义于此可见一斑。

刑部侍郎尹孙嘉淦转任为顺天府尹兼祭酒，他是有名的正直大臣，但为某亲王所不喜。亲王密嘱方苞弹劾孙嘉淦，并承诺事成之后，确保方苞取代孙氏的官职。方苞坚决不干，亲王威胁说如果不干必有大祸，方苞以死力推辞。不久，果然有人弹劾孙公贪赃，孙氏以死罪下狱。方苞为救孙公，直接找到相国鄂尔泰，责备他说：“孙侍郎以非罪死，公复何颜坐中书?”于是鄂尔泰在皇帝面前百口保之，才使孙嘉淦脱罪。

方苞与他的兄长方舟，都是闻名乡里的大孝子。方苞之父方仲舒曾经说：“吾体未痛，二子已觉之；吾心未动，二子已知之。”说明方苞兄弟都极为留意父母身体是否安康以及心情是否愉悦，千方百计地照顾好父母。父亲去世后，方苞事母尤孝。方苞39岁时赴京参加会试，举进士第4名，及至参加最重要的殿试时，听闻家中老母生病，立即罢考南归探母。方苞好友、时任吏部尚书的李光地派人追上方苞，苦劝他莫失去此次难得的殿试机会，但方苞不听，决然南下。1711年，方苞因“《南山集》案”被逮入狱。当时方母年老多病，为了不让母亲担忧，方苞特意请来时任江宁县令的苏姓友人一道去辞别母亲，由苏县令谎称朝廷大臣李光地推荐方苞去京城当官，任职内廷校勘。直至1713年，方苞免罪入值南书房，派人将母亲迎至京城养老，其母始终不知儿子曾在狱中受了两年罪。

方苞妻子蔡氏因病去世后，相国熊赐履想把女儿嫁给他，方苞婉辞不听。有位姓郑的总兵，家巨富，想把女儿嫁给方苞，并承诺以万金为嫁妆，可养活方苞整个家族，方苞又峻拒之。他之所以不同意，是因为他娶妻的标准不是看对方的权势和财富，而是看女方对自己的母亲是否孝顺。其亡妻蔡氏，生前对公婆每日“精五饭酒浆，奉卮匜左右”，照顾得无微不至。方苞认为，富家权贵之女，很难像亡妻那样侍候自己的父母。方苞对兄弟也甚为友爱。其兄方舟生病，他常鸡鸣而起，视治药物以进。朝廷奖授众功臣一子为官，方苞不将这个机会给儿子，而是让给了其兄长之子方道永。

平时居家有客至，必令子弟奉茶，侍立左右。家中举办宴会，必令子弟敬酒献肴，使知长幼之节。家有余财，则接济亲族之贫者。为政能清廉自守，关心国计民生。

方苞24岁之后学宗宋儒，以“存天理、灭人欲”作为修养功夫，以儒家四书五经作为治心养生之良药。不读邪词淫曲，不看闲书杂书，认为这些会“败坏风俗，蛊惑人心”，徒费目力，玩物丧志，而无所得。生活上布衣蔬食，淡泊朴素，随遇而安。为学始于慎独，遁世无门，旷然无忧。文学上，方苞将理学家的精神境界与唐宋八大家的散文写作技巧结合起来，成为一代古文大师。其所写内容，以歌颂忠臣孝子、清官廉吏为主，以期有裨风俗，有益世道人心。

第二章　新时代大学生君子人格的时代呼唤

欧洲大航海时代以来，人类突破了封闭的地理限度，也开启了文明交往的全新纪元。工业革命实现了生产力水平的飞速进步，世界市场向各个民族徐徐展开，生产关系的巨大变革既带来了机遇，也带来了挑战。众所周知，现代国家的竞争不仅仅是基础综合国力的较量，更包括文化软实力的角逐。在21世纪的当下，新时代的内涵需要界定，新的时代精神亟待升华，新时代是近代以来中华民族发展的最好时代，是实现中华民族伟大复兴的关键时代。当代青年任重而道远，青年们的道德水准与价值观念反映了民族的精神风貌，并代表着整个国家的文明水准。时代精神和时代责任的交集，表现为大学生的道德人格养成。作为青年中的精英群体，新时代大学生需要从时代精神的历史演变中，充分领悟自己的时代责任。

第一节　新时代的精神主题

任何真正的哲学都是自己时代精神的精华，进而衍变为民族文化的灵魂。马克思认为青年是人类希望的寄托，并充分肯定青年所背负的时代使命。“作为确定的人，现实的人，你就有规定，就有使命，就有任务，至于你是否意识到这一点，那都是无所谓的，这个任务是由于你的需要及其与现存世界的联系而产生的。"[①]当代中国大学生成长于国家经济社会发展的高速时期，他们肩负着新时代的精神主题。人想要探究新时代精神主题的内核，必须深入品读民族国家的历史沿革。回望中国近现代史，无论革命年代还是建设时期，大学生群体作为最具生命力与创造力的鲜活力量，既是实现民族理想的传承者，也是践行国家使命的生力军。

一、新文化运动精神

鸦片战争之后，无数中华仁人志士用各种方式挽救民族于危亡，然而洋务运动、戊戌变法等并没有给中国人民带来预期的民族独立与社会进步。辛亥革命推翻了封建帝制，却没有使中国摆脱半殖民地半封建的社会性质，北洋军阀政府的各种倒行逆施，让当时的很多先进知识分子意识到，救亡华夏不能依赖于自上而下的政治革命，而应该充分动员民众以自下而上的方式改造传统社会，主动开启民智，积极廓清愚昧。随着新式学校的教师、学生和进步报社的编辑的数量的增加，中国社会开始形成一个更具革命意志的知识分子群体，为新文化运动夯实了社会基础。

新文化运动以民主与科学为旗帜，陈独秀、李大钊、胡适等新文化运动倡导者提倡新道德、反对旧道德，提倡新文学、反对旧文学。新文化运动通过引领广大知识青年批判封建伦理道德，为新思想的涌入创造了充分条件，在当时的中国社会掀起了思想解放的潮流。先进知识分子从马克思列宁主义的科学世界观中，找到了实现民族独立与社会进步的出路。马克思主义理论在大学生群体中的广泛传播，为五四运动的爆发积累了思想基础。

在广大进步学生的参与下，五四运动突破了先进知识分子的范围，成为工人阶级、小资产阶级和民族资产阶级广泛参与的全国规模的群众运动，成为近代以来中国人民追求民族独立与发展进步的里程碑。五四运动孕育

① 《马克思恩格斯全集》第三卷，北京：人民出版社，1960年版，第329页。

了五四精神，五四精神的源泉和核心是爱国主义。勇于探索、敢于创新、解放思想、实行变革是民主与科学提出和实现的途径，理性精神、个性解放、反帝反封建是民主与科学的内容，两者最终都是为了振兴中华民族。五四运动所开启的时代精神主题中，爱国是目的、反帝反封建是手段，反帝反封建需要人们厘清对于传统文化的态度。

传统人格到现代公民人格的转变，在于将人格现代化的特征融进传统人格，实现传统人格的创造性升华。一方面，传统文化囊括了封建伦理道德，由于社会文化的变迁，“天地君亲师”的礼教约法已失去了存在的基础，在民主革命的过程中必须予以转变。另一方面，传统文化中包含很多在历史绵延中形成的社会心理范式，它们是坚守民族本位的精神源泉，不能进行保留抑或扬弃的二元论选择。五四精神的倡导者呼吁“打倒孔家店”，却没有轻率地全然抛却传统文化，他们试图解决的是在半殖民地半封建的国情之下，如何超越国粹主义与民族虚无主义的窠臼，完成从传统臣民到现代公民的人格重构，中国先进知识分子在战火淬炼的西南联大精神中找到了答案。

二、西南联大精神

作为时代精神的有机组成部分，大学精神是大学在长期历史发展过程中形成的独特文化传统，表现为大学师生集体认同的人文底蕴。七七事变之后，日寇全面入侵，国家危亡之际，北京大学、清华大学、南开大学在西南大后方结茅立舍、弦歌不辍，培养了大批国家栋梁，三校创立时间各有先后，有着不同的学术传统与历史积淀，但在全民族抵抗外侮的时代背景下，新的时代精神与新的大学精神实现了共鸣。“敌机更番来袭，校舍被炸之下，弦诵之声，未尝一日或辍，皆因师生怵于非常时期教学事业即所以建国之基，故对于个人职守不容稍懈也。”随着三校合并为西南联合大学，师生们坚定抗战必胜的信念，在战火纷飞中延续了传统文化的火种，落实了学术救国的宗旨。西南联大精神是五四精神的延续与升华，即与国家命运和民族前途紧密联系起来的爱国主义，培养国家与民族的建设者与接班人。

《西南联合大学纪念碑》碑文有云，“联合大学之使命，与抗战相始终”，实为联大师生家国情怀的时代注脚。西南联大的校训是“刚毅坚卓”，“刚毅”语出《论语·子路》：“子曰：刚、毅、木、讷，近仁。”“坚卓”源自成语“艰苦卓绝”，意指心神坚定、卓然自若。

“刚毅坚卓”将北京大学“学术自由，兼容并包”的自由理念，清华大学“自强不息，厚德载物”的严谨作风，南开大学的“允公允能，日新月异”的实践热忱进行了有机融合，最终汇聚为西南联大独特的君子人格教育。西南联大校务委员会常委兼主席梅贻琦认为，应该把大学培养人的活动构建在传统的“明明德”的人格培养基础之上。西南联大的教务长潘光旦指出，“教育只有一个目的，就是每一个人的人格的培养”。西南联大的君子人格教育，以爱国主义为内核，以学术救国为手段，以民族复兴为使命。在民族危难之际，西南联大的教师们将自己定位于民族存续的文化使命中，他们努力通过维系民族文化血脉、保持民族文化活力以实现民族复兴，西南联大的大学生在这种文化使命感中认真求学、严谨治学，共同创造了旧中国的教育奇迹。

抗日战争胜利之后，西南联大绝大多数师生从教育救国转向民主救国，坚定支持中国共产党的革命事业，积极组织运动反对国民党的独裁统治，完成了他们从“小我”到“大我”，从“君子”到“革命者”的社会性人格升华。随着无数“革命者”将“大我”融入新民主主义革命进程之中，新中国作为世界大国重新屹立于世界的东方，在时代精神的感召之下，中国获得了新生。

三、“百花齐放、百家争鸣”精神

在新中国成立伊始，《中国人民政治协商会议共同纲领》规定：“中华人民共和国的文化教育为新民主主义的，即民族的、科学的、大众的文化教育。”这既综合了以往以民族精神为内核的国民教育主旨，也指出了科学精神为基准的国民教育目标。这种教育目标旨在培养学生以马列主义的知识武装头脑，建立辩证唯物主义和历史唯物主义的世界观，同时精通科学技术和业务，具备参加各种建设的技能，同时具备理论联系实际的能力，对经济、文教、外交等政策都能够正确掌握，同时要具备高尚的道德品质，全心全意为人民服务。

从文化传承角度予以审视，科学精神旨在扬弃封建伦理糟粕，进而提炼优秀的传统文化成果，民族精神旨在坚持中国文化本位，进而学习现代化国家的建设经验。新中国成立初期，我国高校开始系统地学习苏联的先进教育经验，改变了民国时期的高等教育理念，从培养通识型人才转为培养工业化对口人才。在这个过程中，中国知识分子面临两个方面的挑战：一方面，在反封建主义反资本主义的时代浪潮中，对各类知识分子的思想改造成为我国在各方面彻底实现民主改革和逐步实行工业化的重要条件。毛泽东指出，青年学生应该努力学习，除了学习专业知识，思想政治上也要有所进步，“没有正确的政治观点，就等于没有灵魂”。另一方面，在社会主义现代化建设时代使命的感召下，知识分子必须借鉴我国先贤与外国思想家的优秀成果，在科研工作、文艺工作中保持独立思考，并坚持创作与批判的自由，即“百花齐放、百家争鸣”的精神。

回溯中国近代史，以思想改革为切入点是进行社会变革的必然路径，其中，国民人格改造是进行思想改革的重要基准。在传统文化层面，君子人格基于“修齐治平”的宗法伦理，修身齐家在于确立人伦道德观念，它是践行封建宗法逻辑的手段，治国平天下作为大同治世的宏大愿景，是封建宗法逻辑的目标。反观新中国成立初期我国高校的人格教育，思想批判的宗旨在于重塑广大知识分子的世界观与价值观，达到无产阶级思想修身的目标，努力吸收中外文明的优秀思想成果，坚持创作批判自由，完成社会主义现代化建设目标。从“修身”到“治国”的人格教育理念，古今通约。

四、“文化热”的复兴精神

十一届三中全会以来，中国摆脱了阶级斗争叙事的意识形态，转向以经济建设为中心。在高等教育方面，对外开放程度迅速扩大，使中国知识分子面临现代西方文化思潮的再次冲击，也促使他们形成新一轮的民族文化意识自觉。如亨廷顿所言，现代化进程与经济发展不会造成一个国家文化领域内的全盘西化，它会促成本体文化的复兴，因为在社会层面，现代化提高了社会总体政治经济实力，鼓励人民从拥有文化自信到成为文化的伸张者。改革开放至今，大学文化发展呈现为一种波浪式前进的发展态势，即在某文化热度引起的舆情浪潮后，经过一个平静时期再度形成新的文化浪潮，以循环式更新迭代。在文化复兴的历史进程中，中国大学生的人格教育步入了发展的快车道。

1983年10月，邓小平为北京景山学校题词：“教育要面向现代化，面向世界，面向未来。”这概括了改革开放时期中国文化发展的基本战略，也为中国文化的发展指明了方向。随着中国重返国际舞台并迎来了思想解放的大时代，中国大学生面临着中西文化冲突与融合的考验。在新中国成立初期，由于国民经济工业化程度较低，且人口绝大部分是农民，在基层社会传统宗法伦理道德观尚存。随着各个方面现代化建设的逐渐完备，经济社会环境开始促进中国从传统道德体系向新时代公民道德体系转向。在转向的最初阶段，传统道德由于现代价值观的冲击而丧失约束力，现代价值观短时期内很难塑造全体国民的道德共识，因此产生了一定范围内的道德滑坡。西方自由主义导致多元化的价值观，这给我国自民主革命以来的爱国主义、集体主义等主流价值观带来了巨大冲击。高校知识分子面对商业文化的泛滥，无论曾经秉持何种理论立场，都陷入了对这种境况的批判与省思。随着国外学术著作与流行文艺作品的引入，中西文化大讨论如火如荼，兴起于各大高校的“文化热”向全国徐徐展开。

在“文化热”造就的社会氛围中，某些高校知识分子在积极引介西方主流学术思想的同时，对传统文化的批判明显偏激，甚至到了直接否定的地步。为了扭转这种片面倾向，“文化热”后期超出了高校的范围，全社会范围内的“寻根”活动逐渐兴起。20世纪90年代，姓氏寻根激发了海外华侨华人的族群情怀，文学寻根带动了文艺界的民族文化风格复兴，各类“寻根”活动通过追索民族传统，重新审视了优秀传统文化之于当代社会的价值。《人民日报》在1993年发表了《久违了，“国学”》的文章，概括了全社会寻根问祖、复兴传统的文化浪潮。1998年，教育部设立了高等学校文化素质教育指导委员会，邀请高校相关领导和著名学者担任委员，负责指导全国的大学生文化素质教育工作，研究和解决其中所出现的各种问题。各高校通过开展文化素质教育的理论研究、组织文化素质教育的师资培训，扭转了当时国内日益严重的资本主义自由化倾向，开启了旨在复兴人文传统的文化素质教育，即从新时代民族文化传承的角度，凝聚文化自觉，提升文化自信，培养人文素养。大学生们逐渐认识到，文化自觉与文化自信的形成需要一个长期过程，要对本民族文化有所认知，确定基本的文化立场，要对其他民族优秀文化多有涉猎，保持普遍的开放心态，才能在文化共识层面而非意识形态层面坚持各取所长、和平共处。

五、新时代的新文化精神

21世纪初，中国成功加入世界贸易组织，这既是中国经济全面融入全球化体系的时间参照，也是中国文化与西方文化调整既定格局的历史起点。20年来中国经济社会飞速发展，物质文明与精神文明得以实现双重进步，中华民族的伟大复兴已经成为毋庸置疑的新时代精神主题。随着中国国际影响力的日益增大，中国文化的复兴不仅仅是一种文化浪潮，更是一种政治导向。习近平总书记明确提出，中国共产党人要坚定道路自信、理论自信、制度自信、文化自信，对于当代大学生文化自信的培养，需要立足中华民族伟大复兴战略全局和世界百年未有之大变局，抓住全面提高人才培养能力这个重点，坚持把立德树人作为根本任务，着力培养担当民族复兴大任的时代新人。

综上所述，开展大学生人格培育是一项系统工程，它需要具备如下前提：其一，要强化政治立场。实现中华民族的伟大复兴，大学生要爱国爱民，加强政治理论学习，积极参加政治活动，在政治认同中激发信仰和获得启发，进而汲取精神力量。其二，要秉持开放心态。在新时代经济全球化的宏观背景下，大学生要对中国文化精神的本质有着更为系统而客观的认识，同时对其他国家的文化精神进行比较认知，进而形成对中国文化精神独特性的认同感。其三，要具备历史意识。大学生要对古代、近代、当代中国文化精神在各自历史发展过程中的意义进行审视，从而理解中国文化精神生成的逻辑内核。

习近平总书记指出，当代中国青年是与新时代同向同行、共同前进的一代。生逢盛世，肩负重任，当代中国青年要锤炼品德，自觉树立和践行社会主义核心价值观，自觉用中华优秀传统文化、革命文化、社会主义先进文化培根铸魂、启智润心，加强道德修养，明辨是非曲直，增强自我定力，矢志追求更有高度、更有境界、更有品位的人生。当代大学生要以政治立场为参照，以开放心态为前提，以历史意识为准绳，才能把个人理想与家国情怀融合起来，在新时代宏大叙事中找准自己的人格定位。

第二节　君子人格的时代内涵

中华文明五千年未曾断绝，在其漫长的演变过程中，华夏大地形成了审视宇宙、理解社会、品味人生的独特的价值观体系。这种价值观体系既是中国卓然于其他民族国家的文化内因，也是中国人民区别于其他国家国民的人格坐标。总体而言，传统文化铸就了中华民族博采众长的文化自信，并通过文化自信代代相继为人格层面的文化自觉。在这套价值观体系中，最具代表性意义的概念就是“君子”。“君子”在先秦典籍中指“君王之子”，意即身份尊贵的宗族长子，之后它被赋予丰富的道德内涵，历代文人皆以君子之道自勉。历史的长河之中，君子人格形成了较强的伦理典范效应，范仲淹、文天祥、袁崇焕等儒者在国家危难之际挺身而出，他们具备的家国情怀堪称万民表率。中国从1840年至今完成了从半殖民地半封建社会向社会主义社会的转变，封建伦理生存的社会土壤已经不复存在，因此“君子”失去了其宗法体制内涵。当下，我们站在坚定文化自信的角度，对于谦谦君子的经典文化形象是不能草率摒弃的，有必要认真思索这样的问题：在现代中国社会，怎样界定社会主义社会层面的君子人格？何为君子？怎样诠释君子人格具备的新时代内涵？君子何为？

一、人格教育的道德精神

钱穆指出：“中国文化精神应称道德精神。中国历史乃由道德精神所形成，中国文化亦然。这一道德精神乃是中国人内心追求的一种做人的标准，乃是中国人所向前积极争取到达的一种理想人格。”[①]探究新时代道德精神所凝聚的理想人格，需要引入全新的方法论框架。“人格”在日常生活中被频繁使用，也是伦理学、心理学等人文社会科学的研究对象。“人格”的拉丁文词根“persona”，词义为“面具”，后来从戏剧道具逐渐被引申为“人格”，即社会行为的个人特征。

近代以来，人格通常指代一种关于个人心理品质与道德品格的综合。如果从人格教育的角度反观近代以来的思想启蒙运动，会发现“国民性改造”之所以总是陷入精英主义的困局，无法普及到基层社会，就在于所谓“国民性”其实是一种僵化的社会人格样板。它用来代指个人意志与社会责任统一的公民形象，然而自近代以来，中国的民主主义革命时期与社会主义建设时期的社会现实非常多元复杂，个人意志与社会责任长期处于剧烈

① 钱穆：《中国历史精神》，北京：九州出版社，2011年版，第141页。

的变动过程中，因此很难保持同步。那种西化的、刻板的公民形象已经脱离时代，亟待代之以民族的、开放性的人格内涵，换言之，在中华民族伟大复兴使命的感召下，有必要把传统的“国民性改造”的理想转变为现代的“人格教育”。在全国教育大会上，习近平总书记提出了凝聚人心、完善人格、开发人力、培育人才、造福人民的总体教育工作目标。其中，人格教育旨在培养受教育者的文化认同，将引导受教育者的心理诸要素完成协调，建立健全的道德人格境界。当代大学生接受人格教育，是领会君子人格时代内涵的基本前提。“培养什么人、怎样培养人、为谁培养人”，君子人格既包含了仁、义、礼、智等传统美德品行，也包含了爱国敬业、诚信友善等新时代价值理念，堪称当代大学生人格教育的典范目标。

二、人格教育的现实危机

在现代社会，人格是塑造文化价值观的心理基础。一方面，现代人格教育取决于大学生心理状态的稳定，以及良好的日常行为习惯。没有积极的心理状态与日常行为习惯，任何形式的外在观念灌输都起不到作用。另一方面，现代人格教育依赖于大学生的自主创新意识与自我提升意志，作为现代思维模式的有机组成部分，能够兼容传统的知识教育与专业教育。在传统文化中，“君子”是道德人格的载体，道德人格本身是集体伦理观念的个人内化，只有在一定的社会关系层面即政治法律制度体系、社会文化环境之内，道德人格才能存在，因此，新时代的“君子”必然表现为新时代道德人格的凝聚。

人格是在生理、心理等自然发展规律的基础上，在后天社会环境等诸多因素的影响下，个体基于一定的社会条件和需要，经由社会实践积淀而成的、人区别于动物的内在道德品质，是个体所具有的社会性价值。客观而言，不论是圣人、贤人还是君子，其理想人格塑造的宗旨都是将自我的人格逐步社会化，完成最大限度的自我实现。中国传统的人格是一种群体性人格，新时代“君子”人格教育首先需要正视的是市场经济时代的人格危机。

人格危机即自发身份与社会身份的分离，表现为真实自我与理想自我彼此割裂。众所周知，传统文化层面的个人人格立足于集体主义价值观，因此在现代社会需要面临从集体人格到个人人格的转换。改革开放之后，经济的飞速发展造成了社会领域迅速而激烈的变化。在社会舆情层面，模范式人格不再被广泛认同，人们因为无法为个人人格找到全新的范本，思维惯性与社会现实频频发生冲突，无法适应身份人格的转换，因此产生了相当程度上的道德虚无主义。传统文化倡导的“德福一致”认同，使得人们能够保持道德自觉和培育道德人格，随着现代文明打开了乡土社会的边界，将公众带入陌生人社会中，陌生人社会中个人与个人之间存在的不信任，导致道德人格的他律作用被弱化，而公序良俗的存在，取决于公众的道德自律。面对传统人格的“低效”、现实人格的“失格”与理想主义人格的“失落”，当代大学生在价值观层面表现出极大的反差，如道德认知与社会实践相脱节、功利主义与理性情操此消彼长等，需要予以深入分析，进而探索人格教育的新路径。

三、人格教育的文化视野

教育是现代国家最为重要的社会事业，当社会成员共同浸润于主体文化之中时，能形成基本的价值共识。由于共同的民族文化，公民得以在更广泛的国民教育中加强彼此的联系。这种标准化、普及化的国民教育架构复杂，只有国家才能推行开展，并在意识形态领域长期予以引导。当代中国大学生需要充分认识到，民族精神的要旨在于“使文化和政体一致，努力让文化拥有自己的政治屋顶”[①]。商品经济的飞速发展，造成了传统文化精神凋敝与自由主义理念泛滥，这是所有后发工业化国家都要经历的阶段，中国也不例外。综合20世纪80年代至今的国民道德观发展历程，人们可以

① 厄内斯特·盖尔纳：《民族与民族主义》，韩红译，北京：中央编译出版社，2002年版，第58页。

充分认识到，人格危机所造成的真实自我与理想自我的割裂，其实质是国民人格偏离了传统文化认同所引发的人格异化现象。想要在物欲横流的社会舆论环境中扬弃人格异化，一言以蔽之，人们需要通过国家主导的人格教育保持高度文化认同，形成文化公约数。文化能够通过各种方式影响公众的道德人格，学校、公共宣传机构通过传授各种文化理论构筑公众的文化共识，并通过家庭环境的影响，使人们习惯于积极主流的社会价值观，进而培养出代代相继的、与国家民族使命相一致的道德人格模式。无论哪个历史时期，一个人想要提升自己的人格境界，都必须通过精神运思与社会实践的双重路径，有学识才能明事理，践行良知才能与人为善。道德与知识相伴同行，苏格拉底认定“美德即知识”，张载认为“学而后可以成圣”，这种文化视野中生成的人格形象，就是超越了自发人格的自觉人格。

何谓自觉人格？道德主体根据客观事实，发挥个人主观能动性构建的人格，它摆脱了依靠外在宣教与社会规范限制，遵从道德规范，完全出自社会责任为基础的主体自觉。主体自觉依赖于自我省察，毛泽东作过一个比喻，共产党员的自我省察类似于洗脸，脸面要勤为洗涤，才不会影响自身形象。学习道德知识仅仅是达成道德人格的手段，而非实现道德人格的目的，经常性地反躬自省，可以将道德知识内化于心。自我省察需要具备慎独的心态，“道也者，不可须臾离也，可离非道也。是故君子戒慎乎其所不睹，恐惧乎其所不闻。莫见乎隐，莫显乎微，故君子慎其独也”。慎独的重要性，就在于将外在的道德规范与内在的道德信念进行中和，确保道德主体在任何时间、任何场合，且没有监督、没有奖惩的前提下都能够严格要求自己。慎独是从自觉人格过渡到自由人格的关键环节，也是古今通约的君子之道。

何谓自由人格？先哲孔子曾经自述其心志：“吾十有五而志于学，三十而立，四十而不惑，五十而知天命，六十而耳顺，七十而从心所欲，不逾矩。”其中，“从心所欲，不逾矩”代表着道德人格养成的最高境界——自由人格。当代大学生应该充分认识到，君子人格不是由外到内的道德戒律，而是需要与人生阅历相匹配，和实事周遭相结合，依赖于持之以恒的自我修习与自我省察。在人格教育的哲学视野中，“仁者不忧、知者不惑、勇者不惧”意味着实现了从自觉人格向自由人格的飞跃。在现代社会，自发人格、自觉人格、自由人格代表着君子人格生成的三个基本阶段，在每个人的日常生活中，这三个基本阶段不是线性的生成过程，而是平行的道德范式。也就是说，每个人都有自己适合的人格范式，也都有提升人格范式层次的能力与机遇。作为当代大学生，想要锻炼道德能力需要广泛的社会实践创造机遇。

四、人格教育的实践方式

在当代，想要激活传统人格的活力，首先需要界定公民社会层面的君子形象。“有天爵者，有人爵者。仁义忠信，乐善不倦，此天爵也；公卿大夫，此人爵也。古之人修其天爵，而人爵从之。今之人修其天爵，以要人爵。既得人爵，而弃其天爵，则惑之甚者也，终亦必亡而已矣。”[①]孟子认为，仁、义、忠、信等君子品行代表着天爵，是绝对性的道德人格，反观官职福禄等世俗价值观则代表着人爵，是相对性的道德人格，身为君子，当恪守绝对性的道德人格，并对相对性的道德人格予以取舍，这不仅适用于宗法制社会，也通行于现代社会。

确立当代现实人格的规范，需要强化公民社会层面的君子认同，这种君子认同对应于公众的社会实践，将逐渐演绎为君子人格。君子认同具备三个方面效应：其一，君子认同的激励效应。君子作为高尚道德人格的现实典范，能够激发公众对绝对性道德人格的向往与追求。君子之所以值得效仿，并不在于空洞的道德模范，而取决于生动的人格力量。君子人格的激励作用能够在无说教、无灌输的舆论情境中，对公众产生积极的心理影响，这种积极的心理影响既可以诉诸君子高洁言行的直观表象，也可以落

① 《孟子》，北京：中华书局，2010年版，第230页。

实为敬慕君子的内在情感，二者潜移默化为对绝对性道德人格的认同。其二，君子认同的权威效应。君子作为高尚道德人格的现实典范，可以引导公众确立人格权威。在公共舆论领域存在政治性权威、知识性权威以及人格权威，人格权威是构成人格感召效应的前提，表现为道德楷模们卓越的人格力量。现代社会需要法律法规以确保秩序稳定，也需要新时代君子等各界贤达的人格感召，它们共同确保公序良俗的实现。其三，君子认同的模仿效应。君子作为高尚道德人格的现实典范，可以启迪民众自发的效仿行为，从而实现道德人格的整体提升，这是君子认同实现人格激励的最高层次。

君子人格之为君子人格，在于它可以充分感召民众，从而塑造德福一致的文化环境。这种文化环境不但可以通过任何人之间的积极的道德感染效应，而且能够通过正反馈使人们争取与道德环境实现协调。对于当代大学生而言，他们大多聚焦“线上”，常常忽略了“线下”的道德共鸣，这可能导致他们的精神生活经常性地陷入焦虑与孤独。通过前文的分析可知，君子认同生成的道德环境，可以为大学生提供一种反馈性激励的积极机制，既能促使他们充分发挥自身的道德潜能，又能通过有效的社群交流，积极影响他们的社会行为。

第三节 君子人格的精神旨归

21世纪初，国际社会文化交往进入了全新阶段，互联网拓展了全世界的信息连接，国际贸易体系整合了全世界的物质生产资料流动，“地球村”在某种意义上已经成为事实。自加入世界贸易组织后，中国的对外开放拓展到了前所未有的程度。中国需要世界，世界也需要中国，中国从世界汲取动力，也让中国发展更好地惠及世界。随着新时代历史图景的徐徐展开，人们想要在当代践行君子人格，有必要纠正一重固有印象：君子仅仅是不食人间烟火的道德榜样、“为其象人而用之”的人格标杆。自古以来，君子之为君子，在于他是勇于担当民族、国家、集体责任的有识之士，所谓“为天地立心，为生民立命，为往圣继绝学，为万世开太平”。同理可知，君子人格之所以能够感召当代大学生，在于大学生并非以抽象的道德人格置身于社会现实中，他们身处于国家政治经济大转型的新时代，更能综合各方面的社会经验，以践行自己的时代使命。“君子成人之美，不成人之恶；小人反是。”君子人格的教育内核，在于突出人的主体性价值，即人格既是人文教育的客观对象，也是主体积极参与的精神基准。一言以蔽之，当代大学生有必要从君子人格的时代内涵出发，将人格教育升华为人格养成，五育并举，以“成人之美”内化社会经验，进而实现“美美与共”的自由全面发展的时代理想。

一、人格养成的美育内核

国家的工业化进程容易造成经济方面的城乡二元结构，在文化方面则可以演变为传统与现代化的不断冲突，在这个过程中，传统社会结构和传统文化体系扎根愈加深厚，这种冲突就愈激烈愈持久。回顾近代史以来时代精神主题的演变历程可知，以五四运动和新文化运动为起点，以西南联大精神为中介，以“文化热”复兴精神为前提，新时代的中国大学生已经形成了崇尚民主科学、追求公平正义、恪守文化本位的思想观念，这种思想观念是对传统与现代化冲突的回应，并突出表现为人格养成的美育内核。

如席勒所言，人性的解放在于自由，自由在于通过审美体验克服人性之分裂，最终走向人格之完整。人格作为涵盖人的文化心理的总体性特征，其最高境界是真善美的合一，即在审美体验中实现对于真理和良知的综合。美感是人格养成中不可或缺的手段，美育是人格养成过程中的核心目标。人们必须认识到，美育并不是独立存在的，它是将美学原则渗透于各科教学后形成的教育。

在大学生人格养成方面，美育有两个方面的基本功能：其一，美育可以通过审美行为陶冶人的道德情操。自古以来，美育便具备超越宣教的文化高度。在孔子等先秦思想家看来，“乐以成人”是君子养成的主要方式，诗书礼乐之教可以归结为道德教化。西方美育针对的是工具理性造成的人性分裂，中国传统美育力求塑造先天完满的人格，达成“乐与天地同和，大礼与天地同节”的和谐状态。在当代社会，美育的超功利性与民族文化的超历史性可以结合起来，以美育人，以文化人，给予大学生以卓越的家国情怀体验。其二，美育可以通过审美意识强化人的民族认同。审美意识与审美能力直接相关，个人审美能力的持续提升，必然促使其审美意识趋于成熟。物质资料的生产方式取决于生产力发展水平，精神文化载体的生产方式则取决于全民族美育水准。中华民族拥有五千年悠久历史，拥有极为丰富的美育文化遗产，当代大学生的美育培养离不开对中华美育精神的弘扬以及优秀传统文化的传承。总体而言，中国传统美育的中和之美是一种天人交感的辽阔之美，不同于西方传统美育的由物及人的比例和谐之美。中华先民将“生生之德”转化为“生生之美”，现代中国人则可以通过传统文化，充分塑造受教育者的审美意识，并根据个体资质与社会阅历融会贯通。经过长期陶冶，现代青年人将“天地有大美”的宏阔审美意识，与中华民族伟大复兴的历史使命有机结合起来，首先将文化认同升华为民族认同，进而将民族认同升华为政治认同。总之，优秀传统文化包含着无比丰富的美育传统，弘扬优秀传统文化可以助推当代美育发展，通过对优秀传统文化加以现代创造性转化与创新性发展，基于历史实际创造具有中国气派与民族风格的新时代美育文化，从而全面养成新时代大学生的人格。

二、人格养成的德育目标

马克思认为：“任何一个存在物只有当它用自己的双脚站立的时候，才认为自己是独立的，而且只有当它依靠自己而存在的时候，它才是用自己的双脚站立的。靠别人恩典为生的人，把自己看成一个从属的存在物。”① 人格养成的目标基于社会发展与个人发展的客观需要，如果说“培养什么人”是教育的核心问题，那么“五育并举、德育为先”则是这个核心问题的症结所在。君子人格的德育内容要契合时代特征、适应时代要求。移动互联网兴起以来，大学生身心发展的基本规律与之前青年时代区别愈加明显，因此需要根据当代大学生心理素质发展的客观时代特征，科学规划君子人格的德育走向。当代大学生个体的道德需求，基于家国情怀与自由个性之间的平衡，也呈现出虚拟实践与现实实践之间的张力，这是对于传统的“譬如北辰”精英主义的颠倒，形象地说，每个当代大学生的心灵，都是具备自我意识的点点繁星。君子当有刚健风骨，当为庶民之表率，新时代君子兼容美育、智育与德育，当为新时代的“美德”范本。客观而言，关于君子人格的文化视野与实践方式的研判，都仅仅是一类道德知识，新时代大学生需要将这种道德知识与道德实践紧密结合，实现知、情、意、行的统一，既拓展所修习的专业知识技能，又将道德知识全面内化为自身的道德涵养。

三、人格养成的智育途径

五四运动树立起的“民主”与“科学”精神，成为中国自近代延绵至今的国民精神。在21世纪的当下，“民主”可以界定为人文精神，“科学”可以界定为科学精神，这两种精神在人们认识改造客观世界过程中不可或缺。在人格养成的过程中，科学精神与人文精神同等重要，对新时代高校实现良性发展意义深远。

简言之，科学精神是从事科学实践活动时的认知态度，它以尊重事实为主线，以探索真理为宗旨，是对科学实践活动的理论升华。智育以求真务实为本，在新时代的历史图景中，大学生需要处理好“求真”与“务实”

① 《马克思恩格斯文集》第一卷，北京：人民出版社，2009年版，第195页。

的关系，“求真”就是“求是”，就是从客观事实出发探究事物的本质与事物发展的规律，研究和解决新情况与新问题，从而获得真理性认知；“务实”即运用“求真”的经验判断去指导实践，并做到具体问题具体分析，适时修正理论偏差。求真是务实的前提，务实是求真的目的和归宿。知之者不如好之者，好之者不如乐之者，综合各个方面加以研判，可知在人格养成的智育层面，科教兴国与立德树人是高度统一的。

大学是追求真理的最重要场所，大学生的培养方式与学科课程设置皆以追求真理为旨归。大学教师所传授的知识都经过实践的充分检验，师生们参与的各类科研工作活动是追求真理、探索真理、检验真理的过程。当代科学发展呈现出高度精密化、复杂化的特征，培养具有创新精神和创新能力的科学人才是高校新时代发展的题中之义。在飞速发展的信息化时代，大学生如果缺少科学精神，便容易受到各类假思潮和伪观念的影响，或在信息茧房中自我封闭，或在大数据平台中被算法误导。大学生如果缺乏创新精神，就会很难面对新时代社会发展的新问题。钱学森曾经指出，中国教育发展长期的困局之一，在于没有按照培养科学技术发明创新人才的模式去办学，没有独特创新的东西，“苟日新，日日新，又日新”。所谓“君子无所不用其极”，所指向的就是维新之业。大学生是推动我国创新型国家建设的主力军，因此需要适应国家对创新型人才培养的要求。在世界新科技革命迅猛发展的时代背景下，高校应该把智育放在人格养成的重要位置，改革原有的教育体制和教育方法，并推进素质教育，努力培育大学生创新精神和创新能力，同时结合社会需要和经济发展需要，从而为我国建设创新型国家提供源源不绝的精神动力。

四、人格养成的体育宗旨与劳育内涵

在半殖民地半封建时代，中国人长期被西方媒体蔑称为“东亚病夫”。一百多年来，随着民族独立和国家富强的逐步实现，中国人在各个领域中都找到了民族自信，尤其在体育方面，从刘长春“一个人的奥运会”到北京无与伦比的奥运盛事，中国人以强健的体魄、昂扬的斗志，向全世界展现了文明古国蕴藏着的源源不绝的青春能量。在我国高等教育“五育并举”的架构内，体育通过对人体的显而易见的改变进而推动整体的人的改变来彰显其主体性价值。毛泽东在长沙求学之时就发出了“文明其精神，野蛮其体魄”的号召。想要让中国人的精神变得文明，应该先让他们的身体变得更加强健，强壮健康的身体无疑是创造文明、改变世界的前提。体育锻炼是人格养成的宗旨所系，大学生风华正茂，他们的身体机能处于一生中的全盛阶段，体育锻炼在满足个人身体健康需求的同时，也能够有效调节心理健康，让人以积极乐观的身心态度，引领自身的课业学习与社会实践。有心理学统计数据表明，经常参与体育锻炼的大学生在面对挫折时，产生积极认知倾向的概率远高于不经常参与体育锻炼的大学生，体育锻炼频率与强度和积极心态的形成过程存在显著正相关，直接关乎人格养成的具体效能。

此外，在我国高等教育“五育并举”的架构内，劳育表现为学校教育效能与职业素养养成的积极结合，为全社会教育与生产劳动相结合提供了平台。美育、德育、智育、体育与人格的自我界定相关，劳育则关乎人格的社会界定，它立足于培养社会成员的积极奉献精神，锤炼社会成员的集体主义精神。习近平总书记指出，必须牢固树立劳动最光荣、劳动最崇高、劳动最伟大、劳动最美丽的观念，让全体人民进一步焕发劳动热情、释放创造潜能、通过劳动创造美好生活[①]。新时代大学生的劳育，落实于社会主义新型人格，根植于劳动对人类社会发展的内在影响，践行于思想政治教育的始终，服务于中国特色社会主义现代化建设。

思考题：

1.怎样理解新时代的新文化精神？

① 习近平：《在同全国劳动模范代表座谈时的讲话》，《人民日报》，2013年4月29日。

2.怎样诠释人格教育的道德精神?

3.如何界定人格养成的美育精神?

4.如何在时代精神的主题演变中贯彻君子人格?

延伸阅读：君子人格典范之二

君子之交——马克思与恩格斯

君子之交，古今中西亦然，它代指人们以志同道合为基础，寻求精神上的舒畅与情操上的升华。马克思与恩格斯数十年革命友谊，堪为君子之交的典范。

马克思主义理论体系是由马克思、恩格斯两人共同创立的，尽管马克思、恩格斯的家庭出身和个人经历不同，但出于共同的价值追求和政治信仰，以及对“人如何摆脱‘抽象’统治”这一“历史之问”的关注，两人进行了长达40年的合作，以为无产阶级解放锻造理论武器为目标，对人类历史规律特别是资本主义发展规律进行了深入的研究，创立了马克思主义理论体系。

“我一生所做的是我注定要做的事，就是拉第二小提琴，而且我想我做得还不错。”恩格斯的名字是与马克思、马克思主义紧密联系在一起的。作为马克思主义的重要创始人，恩格斯曾多次以“第二小提琴手”来谦虚定位他在马克思主义形成和发展过程中的作用。诚如列宁所说：“他们的关系超过了古人关于人类友谊的一切最动人的传说。”1851年夏天，马克思开始为《纽约每日论坛报》写稿，可是所得的稿酬仍不够一家人的开销。马克思曾在给恩格斯的信上说：“我不能再出门，因为衣服都在当铺里；我不能再吃肉，因为没有人肯赊给我了。”1852年，马克思在完成《揭露科伦共产党人案件》这部著作以后，连寄书稿的邮费都没有。他曾十分幽默地说：“小册子的作者因为没有裤子和鞋子而被囚禁在家里，他的一家人过去和现在每分钟都受到极端贫困的威胁。”

恩格斯从经济上尽己所能帮助马克思，使他能有足够的时间和精力撰写理论著作，恩格斯从事他十分厌恶的经商工作，并常常寄钱给马克思以纾解家困。此外，恩格斯还常常帮助马克思为《纽约每日论坛报》撰写、修改英文稿件，有时帮助马克思把他用德文写的稿件译成英文。恩格斯常常替马克思还债，给马克思的孩子们买礼物和食品，马克思深为感动。他曾在给恩格斯的信中这样写道："我的良心经常像被梦魇压着一样沉重，因为你的卓越才能是为了我才浪费在经商上面，才让它荒废，而且还要分担我的一切琐碎的忧患。"

碰到恩格斯需要帮助的时候，马克思同样尽心竭力。1848年11月，恩格斯逃亡到瑞士，行程奔忙，身无分文。马克思知道了，连忙从病床上挣扎起来，到银行将自己仅有的钱取出，全部寄给了恩格斯。

马克思和恩格斯不仅在生活上互相关心，彼此勉励，更重要的是他们在共产主义的事业上亲密合作。两人同住伦敦时，每天下午，恩格斯总要到马克思家里去。他们讨论各种政治事件和科学问题，一连谈上好几个小时，各抒己见，滔滔不绝，有时候还进行激烈的争论。天气晴朗的日子，他们就一起到郊外散步。后来他们住在两个地方，就经常通信来交换彼此对政治事件的意见和分享研究工作的成果。

1883年，马克思逝世，恩格斯悲痛万分，他发表了著名的《在马克思墓前的讲话》悼词，以"他的英名和事业将永垂不朽"作结。朋友们劝恩格斯去旅行，散散心。但他想到马克思生前用毕生精力写作的《资本论》还没完成，就谢绝了朋友们的劝说，并放下自己的研究工作，着手整理和出版《资本论》的最后两卷。他夜以继日地抄写、整理、补充、编排，几次累得生病。花了整整11年时间，才完成了这部伟大的著作。恩格斯说："这是我喜欢的劳动，因为这时我又和我的老朋友在一起了。"

孔子曰："益者三友，损者三友。友直，友谅，友多闻，益矣；友便辟，友善柔，友便佞，损矣。"马克思与恩格斯历久经年的革命友谊，无疑是当代大学生理解"益友"的典范。

第三章　新时代君子人格的价值追求

新时代呼唤新时代君子人格。新时代君子人格的养成离不开合理的价值追求。在培养新时代君子人格的过程中，既要传承传统君子人格的合理价值追求，也要充分借鉴西方人格理论的价值追求，更要弘扬经典马克思主义对理想人格的价值追求。在此基础上，新时代君子人格的养成还要以社会主义核心价值观作为最基本的价值追求，在践行社会主义核心价值观的进程中，造就一个个鲜活的新时代君子。当代大学生要时刻遵从社会主义核心价值观，把自己培养成新时代君子。

第一节　传承传统君子人格的价值追求

传统社会君子人格的价值追求，主要是受儒家的价值观影响而形成的。儒家在提出君子人格理想的过程中，将君子的价值追求限定在道德价值的范围之内。这种以道德为核心价值追求的倾向，对传统君子人格的养成影响深远。道家对儒家君子人格的价值追求则提出了批评。道家君子人格论的价值追求则更偏向于某种自然价值。这为丰富中国传统君子人格的价值追求，提供了有益的思想资源，也为传统君子人格的养成提供了更多的借鉴。培育君子人格，要积极传承传统君子人格的合理价值追求，将之融入新时代中国特色社会主义核心价值体系当中。

先秦时代，社会生产力还很落后，人与人之间的交往相对局限在较为封闭和狭窄的区域中。根据马克思主义的唯物史观理论，人与人之间的交往水平决定了个体发展的水平。传统社会家国同构的特征，使得以血缘为基础的社会关系支配着人们的交往方式。儒家学者非常明确地认识到这一点，并将之作为其理论思考的出发点。在儒家学者的论述中，有大量关于君子的阐述。在这些论述中，可以发现其君子人格的基本价值追求。概括地看，儒家君子人格的价值追求体现在以下几个方面。

一、君子本之以孝悌

君子人格作为儒家理想人格的目标，其价值追求离不开君子生存的基础。从根本上看，君子也是普通民众中的一员。君子有家庭，有个体的生活，有各种生存的境遇，要面对复杂的社会关系。在所有社会关系中，家庭关系是君子首先要面对的。孝悌的价值原则就源自这一社会存在的本体论事实。

具体而言，孝悌是指父慈子孝，兄友弟恭。在一个家庭当中，家族亲情是每个家庭成员行为的前提。君子在家庭生活中，要努力营造和谐的家庭关系。《论语》中有这样的记载："有子曰：其为人也孝悌，而好犯上者，鲜矣；不好犯上，而好作乱者，未之有也。君子务本，本立而道生。孝悌也者，其仁之本与！"[①]孝悌是为人处世最基本的价值遵循。孝是晚辈对长辈的尊敬，悌则是同辈之间的相互尊重。君子为人之本，就是要能够孝悌并行，对长辈有敬爱之心，对同辈有悌让之德。作为君子，处理好了与长辈和同辈的关系，也就能够很从容地处理家庭关系。从这段话中，我们还可以得知，为人孝悌者，不会轻易地犯上作乱。任何社会都需要稳定和谐的秩序。一旦某种秩序确立了，而且有利于最广大人民群众过上幸福美满的生活，这样的秩序就应当得到保持。这是有子强调孝悌作为君子价值追

① 《论语·学而》。

求的本意所在。当然，对于那些压迫和剥削人的社会制度，人们还是要敢于去推翻和改造。

儒家认为君子做到孝悌，还只是个人的修为。君子要把孝悌的价值追求推广到社会生活当中去，在社会治理的实践中，也要贯彻孝悌的价值原则。曾子就提出过以孝治天下的主张，这就把君子的孝悌修为从家庭生活扩充到社会领域。曾子指出："孝子善事君，弟弟善事长。君子一孝一弟，可谓知终矣。"[①]孝子、弟弟，作为君子言行的出发点，是保证君子人格的价值得以贯彻的基础。君子言行始终以孝悌为标准，就会为家庭和谐和社会稳定做出贡献。

在孝悌之中，孝道就是强调君子要以赡养父母为重要的使命。孔子说："父母在，不远游，游必有方。"[②]君子居家要以孝敬父母为常则。父母如果需要照顾，那么君子就不要离家太远。如果需要外出，也一定告诉父母具体的方向和所在地，提前安顿好父母的生活。这是要求君子为人之子，要时刻关心父母，不要以寻求快乐的远游为目的。现代社会虽然网络通信发达，但是亲情的陪伴依然重要。即使可以通过网络时刻与父母保持联系，但是如果距离太远，那也难以真正地安慰父母，宽慰父母的牵挂之心。日常的陪伴，是生命彼此关切最为真实的表现，远远胜过千里之外的视频连线。子曰："今之孝者，是谓能养。至于犬马，皆能有养；不敬，何以别乎？"[③]君子赡养父母，物质的供养固然是基础，但是如果仅仅停留于此，则是不够的。子女只有从内心里敬养父母，才能够称之为孝养父母。

悌道作为同辈之间关系的价值准则，不仅指兄弟之间的友爱关切，也可以引向所有与自己同辈的人。《论语》中记载有司马牛和子夏之间的一段对话。司马牛对子夏说："人皆有兄弟，我独亡。"子夏回答说："君子敬而无失，与人恭而有礼，四海之内皆兄弟也。君子何患乎无兄弟也？"[④]子夏

① 《曾子·立孝第五十一》。
② 《论语·里仁》。
③ 《论语·为政》。
④ 《论语·颜渊》。

认为，对于君子来说，待人要怀有尊敬之心，恭敬他人，举止有礼貌。这样的人，到任何地方都会受到人们的欢迎。其结果就是四海之内，无有分别，可以分享兄弟之谊。子夏觉得司马牛的担忧是多余的。君子如果秉承四海之内皆兄弟的观念，并将这一悌道发扬光大，那么就能够团结一切可以团结的人。

大学生在自己成长的道路上，如果学会坚持孝悌之道，养成新时代君子人格，其人格力量就能得到很大程度的发挥。在家庭关系中，注重敬养父母，践行孝道，亲代和子代之间关系和谐，青春期的逆反和叛逆性格也会得到改正。在社会生活中，胸怀四海之心，恭敬待人，人与人之间的隔阂就不会产生。具有新时代君子人格的大学生，就能拥有和谐的家庭生活、和顺的社会关系，这是每个人成长成才的坚实基础。

二、君子守之以诚信

儒家认为君子的修为离不开诚信。从孔子开始，就把信作为教育的主要内容，并列为“四教之一”。“子以四教：文、行、忠、信。”[①]忠信在《论语》中多次被提及，可见孔子对忠信之道的重视。子曰：“君子不重，则不威，学则不固。主忠信。无友不如己者。过，则勿惮改。”[②]君子要以忠信为主，养成自我尊重的品格。如果君子缺少忠信，又不自重，那么就不会取得威信，学习的成果也得不到巩固。忠信还要求君子平等地看待所有的朋友，不要自以为是，犯了过错不要害怕，要及时改正。很多人犯了过错，往往会文过饰非，这是缺少忠信的表现。

信作为五伦之一，其本质的精神是诚。儒家学者对“诚”做了充分的发挥，并将之作为君子终生都应该追求和遵守的价值原则。《大学》将诚意作为八条目的内容，诚意是正心的前提。正心之后才能够进入修身的境地。《中庸》提出：“诚者，物之终始，不诚无物。”《孟子》认为：“万物皆备于

① 《论语·述而》。

② 《论语·学而》。

我矣，反身而诚，乐莫大焉。”[①]儒家主张的君子之修养，就是以诚信为基本的价值追求。荀子说：“天地为大矣，不诚则不能化万物；圣人为知矣，不诚则不能化万民；父子为亲矣，不诚则疏；君上为尊矣，不诚则卑。夫诚者，君子之所守也，而政事之本也。”[②]天地造化，以诚为本。天地间万物的生成变化，都遵循着一定的规律，这就是一种诚。圣人治理天下，不能朝令夕改，要以诚为标准，否则就不能取信于民。父子之间也要诚，否则就会相互疏远。上下级之间，要以诚相待。这些诚的具体要求，都是君子所应该坚守的，也是国家治理过程中的不二法则。

在这个意义上，君子追求诚信的价值原则，符合君子立身、国家治理的基本要求。新时代君子更应该懂得诚信待人，诚信处世。诚信的价值追求，在任何时代都不会过时，都是青年人成长成才的基本价值遵循。当代大学生，也要以诚信为本，做一个诚信的人，做一个让人信任的人。

三、君子行之以忠恕

孝悌和诚信的价值追求，主要侧重于对亲人和朋友之间的交往之道。君子人格的价值追求不只限于这两方面。为此儒家将忠恕作为更为普遍的价值追求，来约束君子的行为。在《论语》中，忠恕的价值原则是分别表述的。忠是指君子待人处世，要从积极方面去为他人着想，视人如己，以心换心，是一种积极的换位思考。孔子要求学生在学习成为仁人的过程中，要做到“己欲立而立人，己欲达而达人”。忠道就是从主动的角度，希望自己做到的事情，也要让他人能够做到。恕是对待他人的态度。《论语》载，子贡问孔子：“有一言而可以终身行之者乎？”孔子回答说：“其恕乎！己所不欲，勿施于人。”[③]相对于忠，恕道强调要为他人着想，也就是自己所不愿意、不能够做到的事情，不要求他人勉力而为。

① 《孟子·尽心上》。
② 《荀子·不苟》。
③ 《论语·卫灵公》。

忠恕结合在一起，体现了更为高远的价值追求。君子不但要设身处地为他人着想，而且要从积极和消极两个角度要求自身能够推己及人，待人如己。宋代理学家朱熹对此有过很著名的解释："尽己之谓忠，推己之谓恕。""尽己"是对自身的严格要求。君子要做到正心、慎独、修身，时刻不要忘记对自己的约束。"推己"是从自身出发，考虑他人的感受，不要强迫他人做他不愿意做的事情。忠恕的价值追求体现了君子自我约束的严格性，以及其所代表的人格理想的示范性。

大学生在日常的学习和生活中，大多会遇到各种人际交往的困境。如何提高自身的社会适应性？应该以忠恕的价值追求作为自己待人处世的基本原则。大学生要学会严格要求自己，以"君子和而不同"为准则，以"老吾老以及人之老，幼吾幼以及人之幼"的推扩之心，宽恕他人，获得他人的认同，成为具有亲和力的新时代君子。

四、君子体之以仁爱

仁爱是君子人格理想能否得到实现的核心价值追求。仁爱是从精神的深处展示儒家君子人格的基本要求。孔子的学生樊迟问仁是什么，孔子回答说"爱人"。仁就是要做到爱人。儒家认为爱人是君子的使命担当。"君子学道则爱人，小人学道则易使也。"①君子学道的目的是爱人，小人学道则只能供人驱使。从道的层面看，君子是学道者，也是行道者。因此，君子在体认、践行道的过程中，要以仁爱作为最高的价值追求。

君子要实现仁爱，就必须在行动中予以体现。在儒家看来，君子的人生目标不在于获得多少物质财富。孔子说："富与贵，是人之所欲也；不以其道得之，不处也。贫与贱，是人之所恶也；不以其道得之，不去也。君子去仁，恶乎成名？君子无终食之间违仁，造次必于是，颠沛必于是。"②追求物质财富的欲望是普遍存在的。对于普通人来说，人们都希望得到富

① 《论语·阳货》。

② 《论语·里仁》。

贵，害怕处于贫贱的生活状态。但是追求富贵不能不择手段，而是要遵从仁爱的价值原则。对于君子来说，如果不去遵从仁爱的价值追求，那么通过其他方式获得的名声也是不正当的。君子要能够时时刻刻以做到仁爱来要求自己，哪怕是一餐饭的功夫，哪怕是仓促匆忙的时候，哪怕是在颠沛流离的状态下。

坚持仁爱的价值追求属于君子之道的本质要求。仁爱之所以被人们广泛地接受，原因在于其传递的是一种善意。儒家认为，像大禹、大舜这样的人，之所以被后世当作君子的典范，是因为他们能够“取诸人以为善，是与人为善者也。故君子莫大乎与人为善”①。君子积极吸纳别人的优点，就是与人为善，这也是君子最大的优点所在。与人为善不但要求君子心存善意，而且还要把这种善意传递给他人。在善意支配下的仁爱，能够得到恒久的坚持。孟子曰：“君子所以异于人者，以其存心也。君子以仁存心，以礼存心。仁者爱人，有礼者敬人。爱人者，人恒爱之；敬人者，人恒敬之。”②心存善意，就是心存仁爱之心。君子秉承仁爱之心，以礼敬人，就会得到他人的仁爱和礼敬。在这个意义上，仁爱作为君子人格的价值追求，也必然成为新时代君子人格养成的行为准则。

面对生活节奏加快，各种竞争压力的增大，如何处理复杂的人际关系，成为考验当代大学生是否成熟的标志。以仁爱之心，满怀善意，对待他人，对待生活中的一切遭遇，这样的人能够得到善意的回报。大学生在养成新时代君子人格的过程中，要学会存储善意，发仁爱之心，达到“君子不忧不惧”的境界。

中国传统文化倡导的君子人格，有着自己非常独特的价值追求。其中，儒家所主张的君子人格，将孝悌、诚信、忠恕和仁爱作为最重要的价值追求，从多个层面保证了君子人格理想的实现。其他如礼义、廉耻、良知等价值追求，对君子人格的养成也有积极作用。大学生在养成新时代君子人

① 《孟子・公孙丑上》。
② 《孟子・离娄下》。

格的过程中，要注重将这些正向的价值追求化作自己行为的方向，以之引导自己的言行，做一个善待家人、为人诚信、忠恕处世、与人为善的新时代君子。

第二节　借鉴西方人格理论的价值追求

西方思想家没有像儒家学者那样，明确地提出某种具体的人格。西方文化所探讨的人格思想，从一开始就带有心理学的倾向。古希腊思想家希波克拉底认为人格类型与人的体液相关，提出了多血质、胆汁质、黏液质和抑郁质四种人格类型。这一分类法成为很长一段时间内的经典人格类型理论。就如何培养人这一宽泛人格问题而言，西方思想家还是留下了大量的理论成果。

从古希腊时期思想家提出的“认识你自己”，到德国古典哲学对“人是什么”的追问，西方文化的一个主题就是探寻人自身的解放，由此所形成的对人的问题的看法构成了西方人格理论的基础①。如何实现人的解放，进而达到理想人格的境地，离不开对人格理论所依据的价值追求的探讨。综合地看，西方人格理论的价值追求内容也很丰富，其中包括正义、平等、理性和自由等主要方面。对这些价值追求的实践和弘扬，使得西方人格理论呈现出一种多元发展的态势。借鉴这些人格理论的价值追求，可以为当代大学生君子人格的养成提供有益的思想借鉴，丰富大学生新时代君子人

① “人是什么，他本身所具有的一些特质是什么，用一个字来说，就是人格。”（叔本华：《人生的智慧》，张尚德译，哈尔滨：黑龙江人民出版社，1987年版，第9页）现代西方思想家的人格理论多带有悲观主义和个人主义色彩，这些人格思想与现代西方社会发展的进程密切相关。新时代君子人格所借鉴的西方人格理论的价值追求，不包含这些消极的人格理论。此外，西方心理学发展进程中，对人格也做出过很多积极的探索。这些人格理论是以纯粹的心理学理论表达出来的，如行为主义人格论、人格面具论、人格特质论、人格动力论等等。新时代君子人格不从心理学层面进行探讨，因此对这些学说和主张也不做讨论。

格的人性内容。

一、正义常驻人的心灵

早在荷马时代，正义就成为社会关注的主流价值。奥德修斯一再地强调要让正义常驻在人们的心灵里。奥德修斯提出正义体现在战利品分配上，每个人都能够得到相等的一份。人们遵从正义是为城邦带来繁荣和发展。正义是城邦生活的基本法则。“任何人只要知道正义并且讲正义，无所不见的宙斯会给他幸福。但是，任何人如果考虑在作证时说假话、设伪誓伤害正义，或犯下不可饶恕的罪行，他这一代人此后会渐趋微贱。如果他设誓说真话，他这一代人此后便兴旺昌盛。”[①]正义对于一个人来说，是最为基本的价值追求，也是为人处世的基本原则。无论是统治者还是被统治者，都不能背离正义的要求。

从古希腊开始，西方思想家就非常重视公共政治生活秩序的维护。为了保证城邦得到很好的治理，柏拉图提出了哲人王这一社会治理的理想人格。哲人王这一理想人格的最大特征就是将正义作为核心的价值追求，并辅之以明智一类的德性。正义作为社会政治生活的基本目标，对于人格的养成来说至关重要。为了达到正义，每个人都可以为之付出努力，甚至于奉献自己的一切[②]。“只有较好地遵守正义法则，社会才能存在；所以对这一正义法则必要性的考虑，就被认为是我们赞成通过惩罚违反正义法律的那些人来严格执行它的根据。”[③]斯密把正义看作社会生活的底线原则，违背了这一准则，人的任何其他行为都将是不可能的。随着对正义探讨的深入，现代西方思想家提出了分配正义、程序正义等关于正义的新的观念，丰富了正义的内涵。

---

① 赫西俄德：《工作与时日　神谱》，张竹明、蒋平译，北京：商务印书馆，1991年版，第9页。

② 苏格拉底之死体现了一种正义的人格典范。后世将之归结为一个思想史的事件，充分展示了人们对于正义价值的渴望和追求。

③ 亚当·斯密：《道德情操论》，蒋自强等译，北京：商务印书馆，1997年版，第108页。

对正义的持续反思和追求，是西方文化趋向法治化的一个重要动力。如果说中国文化对理想人格的追求更多地注重个体的自我修养，那么西方文化对理想人格的追求则体现在个人如何维护公共生活方面。正义、勇敢、智慧和节制作为古希腊时代的四主德，一直影响着西方文化的人格建构。新时代君子人格的养成离不开对社会公共生活的关注。正义应该成为大学生人格养成，进而适应公共生活必不可少的价值追求。社会需要正义，理想人格也内含着正义。一个缺乏正义感的人，不可能主动去维护社会的正义，也不可能在面对不正义的行为时勇敢地予以斗争。

二、平等维护人的权利

平等是指在社会政治生活中，每一个个体，无论贵贱贫富，都有表达自己对于公共事务的想法，去伸张自己的利益的平等权利。在法律面前人人平等是平等作为人的完善的一种价值追求的最为核心的内涵。社会生活的秩序和稳定需要规则来维护。一些基本的规则被作为法律确定下来之后，对规则的遵从就成为法律平等的要义。“基本的平等被认为是在受尊重方面的平等。”[①]法律面前人人平等强调人人尊重法律，这是获得平等对待和他人尊重的基本前提。西方文化中有句非常著名的流行语，即不被尊重的法律比没有法律更糟糕。只有人人都遵守共同制定的法律，人的平等权利才能够得到维护。这是一切理想人格养成的基本要求。

在实际状况下，个体由于出身的差别，很难得到平等的对待。西方学者认为，一个民主的社会，所有成员都可以平等地获得自由和参与政治的基本权利，而不受其种族、性别、阶级和宗教因素的影响。随着现代社会贫富差距的扩大，一些主张平等主义的思想家将平等的内涵从享有民主的公民权扩展到生活境况的平等。生活境况的平等就是要实现每个人拥有同样数量的商品，享有同等水平的社会经济利益。这种平等主义的主张要想

① 约翰·罗尔斯：《正义论》，何怀宏等译，北京：中国社会科学出版社，1988年版，第509页。

得到实现，存在很大的困难。

人们追求实现平等，就是希望得到彼此的尊重。人与人之间的相互尊重是人格得以挺立的前提。一个缺少平等，等级观念严重，等级差别巨大的社会，个体的人格独立都难以保证，更不要说养成理想人格了。大学生在学习和生活中，要把尊重他人人格，平等地对待他人作为行为的基本准则。在人与人平等对待的基础上，还要遵守法律，遵守各项生活规则，如大学生守则、公民道德规范、各类职业操守等，以此来维护所有人的平等权利，为新时代君子人格的养成提供价值保证。

三、理性照耀人的行为

西方文化一贯重视理性，人的成长过程离不开理性。理性就像一束光照耀人的行为。古希腊的思想家就提出未经省察的生活是不值得过的。省察就是对自我存在的反省，反省的能力主要就是理性。柏拉图提出人的灵魂中包括理性、感情和欲望三种能力。人们要发现真理，就必须让感情和欲望服从于理性的原则。亚里士多德则认为理性是人区别于动物的根本标志。一个人如果能够过上纯粹思辨的理性的生活，那么他就是最幸福的。理想人格应该具备思辨的能力，将理性作为一种价值追求，并努力实现。

笛卡尔提出身心交感论，把人格区分为心灵和肉体两个层面。身体是由物质实体构成的，心灵是由精神实体构成的。两者性质不同，但是又相互影响、互为因果。笛卡尔认为人的理性具有清楚明晰的知觉能力，为此他提出了“我思故我在”的主张。“我思”体现的是一种理性的综合能力。休谟倡导人格同一性学说。休谟把人格看作人自己在其整个一生当中的不变的、不间断的存在。人格的同一性在于其知觉的一致性。知觉虽然与情感相关联，但总体上知觉还是需要理性的引导。康德则把理性明确区分为理论理性和实践理性。理论理性主要是发现和把握真理的能力，是理性的理论运用，实践理性则是理性的实践运用。康德认为人格代表了人的本性中的某种崇高的品质，“是一种激起人家对他的敬重和赞叹的可贵性质”①。保持理性的反思，以及理性在实践中合理的运用，都是这些品质中的主要内容。

做一个理性的人，是新时代君子人格认识自我和认识世界的基本前提。理性作为一种价值追求，是认识主体通往真理的必由之路。理性能力需要通过后天的努力学习不断加以培养。大学生在日常学习和实践中，要养成主动反思、自我反省、敢于怀疑的习惯，把自己培养成一个理性的人。在网络构成的虚拟世界中，大学生更应该保持理性，运用科学的态度和方法去分辨网络世界中出现的各种问题，避免成为非理性的人。

四、自由实现人的目的

自由作为理想人格的价值追求，是西方思想家普遍关注的话题。柏拉图对人性能力的区分理论认为：一个人如果受理性支配，就是自由的；如果受欲望和情欲统治，就是奴隶。随着对自由本质探讨的深入，自由的各种形式被一一揭示出来，如言论自由、思想自由、出版自由、结社自由和各种经济自由。一个理想的人格如果不能获得最为基本的自由，那么其人生目的就很难得到实现。在这个意义上，人们强调人是目的，而不是手段。人实现自己的目的，其自由就必须得到保障。

哪些自由是真正的自由呢？卢梭指出：“唯有道德的自由才使人类真正成为自己的主人；因为仅只有嗜欲的冲动便是奴隶状态，而唯有服从人们自己为自己所规定的法律，才是自由。”②卢梭认为人们应该摆脱自然状态下人的自由，去追求实现道德和政治的自由，才算真正获得了自由。康德则区分了理论意义的自由和实践意义的自由，前者是相对于感性认识能力而言的知性认识的自发性，后者则是以自由意志为核心的，是人的道德自律。对道德领域中意志自由的强调成为西方自由学说的主要内容。现代学

① 康德：《实用人类学》，邓晓芒译，重庆：重庆出版社，1987年版，第196页。

② 卢梭：《社会契约论》第3版，何兆武译，北京：商务印书馆，2003年版，第26页。

者对自由的消极方面和积极方面进行了区分。消极的自由就是没有外部的约束、强迫而行动的力量，积极的自由则是主体在各种可供选择的方案中能够选择自己目标和行为方式的力量。无论是哪一种自由，作为主体的人都应该有最为基本的自我支配的能力和权利。

自由不代表自由主义。自由主义的出发点是个人的首要性而不是公众的首要性。自由主义隐含着个人主义的价值追求，这是需要警惕和反对的。新时代君子人格需要自由，但是这种自由不是自然状态的自由，不是任性的自由，而是以理性为引导的符合社会发展合理要求的自由。那种借自由之名，破坏规则、任意妄为的做法不但不是自由，而且是对所有人享有自由的侵害。大学生要将对自由的价值追求与自身的成长实践结合在一起，珍惜来之不易的自由，维护所有人的自由，真正享受自由的空气。

西方文化在确立理想人格的过程中，其所追求的价值目标非常多元。以上列举的正义、平等、理性和自由，代表了西方文化的主流价值。此外，博爱、民主、信仰等也是理想人格需要追求的价值目标。其中，信仰的价值追求与西方文化的宗教传统是密切相关的。信仰作为人格价值追求的精神指向，对于塑造普通人格发挥着重要作用。对于新时代君子人格而言，其对信仰的价值追求不能以人格神为具体的对象。新时代君子人格需要更为重视儒家“子不语怪力乱神”的儒家文化传统，在内心树立一种“依自不依他”的人格自由的崇高信仰。新时代君子人格要积极吸纳西方文化法治传统中的核心价值追求，以之作为现代人格养成的基本依据。

第三节　弘扬马克思主义人格理想的价值追求

马克思主义从诞生时起，就对人类文化和文明发展起着革命性的影响。马克思主义不是空洞的高头讲章，其所追求的解放全人类的崇高目标，有着对人格理想的高度重视。马克思主义人格理想的核心要义是实现人的自由而全面的发展。如果说儒家对人格的追求偏重伦理道德层面，西方传统文化对人格的追求偏向于社会法治层面，那么马克思主义的人格追求则着重于实践展开的层面，其人格指向的核心在于所有人都得到自由而全面的发展。这是马克思主义人格理想的革命性意义，也是新时代君子人格必须坚持和弘扬的基本价值追求。

自由而全面地发展所实现的人格理想，就是共产主义人格理想。这一人格理想不但扬弃了西方传统人格的某些价值追求，而且还创造性地提出了一些独特的核心价值追求，其中包括劳动、人道、自由、发展等价值追求。这些价值追求在马克思主义实践观的基础上，把人格养成看作一个不断生成的过程。人格理想并不以某种固化的模式表现出来，而是在人类的总体实践中，通过自我学习、自我革新、自我提升得到实现。可以说，马克思主义人格理想的价值追求是开放的、未来的，这是新时代君子人格养成的基本遵循。

一、劳动是人生存的前提

唯物史观是马克思主义最具原创性的理论。这种历史观摆脱了历史上各种唯心史观的纠缠，把人自身力量的展示看作人的自我完善的必由之路。人要实现自我完善，达成理想人格，就必须进行生产，进行劳动。在一定意义上，劳动和生产的意义相同。劳动作为一种价值追求，真正体现了人之为人的根本所在。“劳动这种生命活动、这种生产活动本身对人来说不过是满足一种需要即维持肉体生存的需要的一种手段。”[①]人格理想不是空洞的，必须立足于现实社会，立足于人自身的生产活动。一个人不懂得劳动的重要性，不愿意参加劳动，也就不可能去尊重劳动，也就不会尊重他人的人格，这样的人也谈不上有什么人格。

① 马克思：《1844年经济学哲学手稿》，北京：人民出版社，2014年版，第52页。

从社会发展的角度看，人之所以区别于动物，就在于人能够劳动，并通过劳动的创造不断改变自身的生存状态。“人类社会和动物界的本质区别在于，动物最多是采集，而人则从事生产。仅仅由于这个唯一的然而是基本的区别，就不可能把动物界的规律直接搬到人类社会中来。”[①]生产劳动活动是人类最为基本的实践活动。马克思主义坚持把劳动看作人的本质，这是对人的本质认识的革命性的飞跃。马克思主义之前的思想家都把人性当作某种抽象的存在物，不去关注现实的劳动对人的本性的决定作用。人区别于动物，摆脱动物式的生存方式，就是因为人类不断在生产劳动中改变自己，发展自己。根据唯物史观的基本原理，马克思主义认为劳动创造了语言，改进了人的思维，进而创造了人的一切。

坚持劳动的价值追求在今天依然重要。人类社会虽然已经迈进信息化时代，许多人类的生产活动都由机器代替了，但是，人类的劳动活动本身具有不可替代性，尤其是精神劳动。物质劳动的大部分都被机器代替了，精神劳动一部分也能够通过机器得以完成。人格的完善是多方面的，其中精神劳动往往起着决定性的作用。大学生要树立劳动光荣、懒惰可耻的观念，把参加各种劳动作为人格完善的价值追求。劳动也不能停留于简单的重复劳动。只有那些具有创造性的劳动，才能够真正展现人的本质力量，才能从人的内在尺度层面来丰富和发展自己。新时代君子人格的养成必须要以劳动作为基本的价值追求。劳动创造人生、丰富人生，劳动养成人格、完善人格，劳动是新时代君子人格的最为突出的时代特征。

二、人道是人的实践指向

马克思主义倡导的实践有着鲜明的人道指向，这也是其人格理论的实践性特征的表现。人道是对人的本质力量的肯定，是对人的本性的回归。实践活动包括生产实践、社会实践和科学实践等方面，人们在从事这些实

① 《马克思恩格斯选集》第四卷，北京：人民出版社，2012年版，第518页。

践活动过程中，不断展示人的本质，以此促进人的自我完善和自我解放。马克思曾经对人的本质提出过一个著名的论断："人的本质不是单个人所固有的抽象物，在其现实性上，它是一切社会关系的总和。"[①]一切社会关系的总和包括人与自然、人与社会、人与人之间的各种关系。因为人的本质表现为各种社会关系，人的实践活动也就是为了协调各种社会关系，进而使人得到自由，这就是最大的人道。

马克思曾经揭示了资本主义生产方式对人的摧残。马克思指出，由于资本主义私有制的剥削本质，整个社会出现了异化现象。工人从事劳动，却不占有生产资料。资本家占有生产资料，却不生产。工人和资本家之间出现了极端的异化现象，由此导致了社会关系的全面异化。这就必然引起了人格的异化。整个社会关系都被资本的力量所支配，人道的思想被排除在外。为了能够恢复人的本质，就必须消除异化，并消除异化带来的人格的异化。这就是共产主义的最终使命。马克思指出，这样的共产主义，"作为完成了的自然主义，等于人道主义，而作为完成了的人道主义，等于自然主义，它是人和自然界之间、人和人之间的矛盾的真正解决"[②]。人和自然、人和人之间的矛盾的解决，就是对异化的消除，这是人道理想得到实现的前提。

马克思主义提出的人道的价值追求，与资本主义宣扬的人道主义是不同的。资产阶级所标榜的民主、自由和平等，受资本逻辑的控制。只要违背资产阶级利益，人道就会被抛弃在一边[③]。新时代君子人格着眼于实现人道，是对人的自我价值的肯定，是对私有制社会条件下人的异化的扬弃。在社会主义市场经济发展的特定历史阶段，还会有局部的异化存在，也会出现一些不好的社会现象。大学生要辨识社会生活中存在的异化，以及不

① 《马克思恩格斯文集》第一卷，北京：人民出版社，2009年版，第501页。

② 《马克思恩格斯文集》第一卷，北京：人民出版社，2009年版，第185页。

③ 在西方一些国家，枪支可以自由买卖，导致各种暴力事件不断，常常造成平民的伤亡。西方政府在控枪问题上的争论和摇摆，就是受到军火工业资本的控制。资本只会过问利润，不会顾及平民的生命安全。

好的事物，自觉地扬弃异化，坚持回归人道，构建和谐的社会关系，并以此来养成新时代君子人格。

三、自由是人的个性追求

马克思主义将自由作为人格理想的价值追求，充分汲取了西方传统的自由观，并赋予其更为现实的意义。马克思主义不但认为人是实践的，而且特别强调人是一种主体性存在。人作为主体既具有自我意识，也具有感性的现实力量。这是人获得自由的必要条件。人在主体意识支配下，其感性活动能力的体现就是一种自由。个性追求自由的实现，不再只停留于精神层面。个性自身获得解放的过程同人类文明发展是同步的。马克思提出人类历史发展要经历从“人的依赖关系”到“物的依赖关系”，再到“人的自由而全面发展”阶段。在“人的依赖关系”阶段，阶级压迫和剥削普遍存在，个性很难得到自由的展现。在“物的依赖关系”阶段，商品拜物教盛行，资本几乎统治着一切，个性也只能得到部分的展示。只有到了“人的自由而全面发展”阶段，个性人格的自由才有可能得到实现。

个性要想实现自由，要以认识和把握规律为前提。马克思主义认为：“自由不在于幻想中摆脱自然规律而独立，而在于认识这些规律，从而能够有计划地使自然规律为一定的目的服务。”①自由是面对现实的，不能停留于某种幻想。马克思主义的实践立场要求人们主动去认识自然规律，充分发挥能动性，进而利用自然规律，达到自己的目的，这才是真正的自由。“自由就在于根据对自然界的必然性的认识来支配我们自己和外部自然；因此它必然是历史发展的产物。”②自然和工业是一本向人类打开的书，人需要不断积累，掌握自然规律，逐渐实现自身理想，以此获得更多的自由。

由此可见，马克思主义人格理论主张的自由的价值追求，不是幻想的抽象的自由，而是在实践过程中不断得到实现的自由。根据马克思和恩格

① 《马克思恩格斯文集》第九卷，北京：人民出版社，2009年版，第120页。

② 《马克思恩格斯文集》第九卷，北京：人民出版社，2009年版，第120页。

斯的设想，到了共产主义社会，“任何人都没有特殊的活动范围，而是都可以在任何部门内发展，社会调节着整个生产，因而使我有可能随我自己的兴趣今天干这事，明天干那事，上午打猎，下午捕鱼，傍晚从事畜牧，晚饭后从事批判，这样就不会使我老是一个猎人、渔夫、牧人或批判者”[①]。只有兴趣成为工作和劳动的动力，每个人能力的发挥才会真正实现。在共产主义社会，每个人的自由发展成为其他人自由发展的前提，所以每个人都能够充分激发自己的兴趣，自由选择自己的实践活动，成为自身的主人。中国特色社会主义发展到今天，经济、政治、文化等都取得了极大的进步，大学生要紧跟时代发展步伐，把培养个性自由作为自己人格养成的价值目标，激发自己多方面能力和素质的发展。具体而言，就是要在学习和生活中，创造和利用一切实践的机会，培养能力，提升素质，丰富情感，朝着新时代君子人格的方向来塑造自己。

四、发展是人的未来景象

马克思在《青年在选择职业时的思考》一文中，将“人类的幸福和我们自身的完美”作为理想人生的价值追求。人类的幸福和自身的完美两者不是相互冲突的，而是一致的。这种古典主义的人格理想引导着马克思终其一生都将人类如何实现自由而全面的发展作为自己的奋斗目标，并为之进行了持续的反思和实践。这种人格理想充满着对人的自我发展价值的关注。发展不仅是个体自身的完美，也是人类整体获得幸福的过程。

发展是开放的，是面向未来的。人类目前尚处在一种有待发展的历史趋势当中，发展自我应该成为每个人人格养成的价值追求。马克思主义认为：“大工业建立了由美洲的发现所准备好的世界市场。世界市场使商业、航海业和陆路交通得到了巨大的发展。这种发展又反过来促进了工业的扩展。”[②]现代工业带来的整个生产方式的巨大变化，也使得人的发展方式发

① 《马克思恩格斯文集》第一卷，北京：人民出版社，2009年版，第537页。
② 《马克思恩格斯文集》第二卷，北京：人民出版社，2009年版，第32页。

生了改变。为了适应现代社会的发展现状，人类文明应该进入更高的发展阶段，那就是共产主义社会。马克思和恩格斯提出，在共产主义社会，对儿童实行免费的公共的教育，并要求教育与生产劳动相结合。这是对人类教育方式的革新，也是对人格养成方向的调整。教育与劳动相结合，这是回到人的成长的角度，对人的全面发展提供最为基本的保障。

每个人只有自己发展好了，才能为其他人的发展创造条件。“代替那存在着阶级和阶级对立的资产阶级旧社会的，将是这样一个联合体，在那里，每个人的自由发展是一切人的自由发展的条件。”[①]2021年7月30日，国际奥林匹克委员会第138次会议决议通过了奥林匹克新格言“更快、更高、更强——更团结”。团结不是消除竞争，而是赋予竞争更为高远的目标，即所有人的发展。哪怕是体育运动，也不只是为了更快、更高和更强的目标，而是为了人类的团结和合作，最终目的就是实现人类的更好的发展。大学生不仅要关注自我的发展，还要关注他人的发展，民族和国家的发展，社会的发展，人类文明的发展。只有这样，才能够为新时代君子人格的养成提供永续不竭的动力。

马克思主义在演进的过程中，对共产主义社会人的完善做出了详细的论述。马克思主义所设想的理想人格包含着非常丰富的价值追求。劳动、人道、自由和发展集中代表了马克思主义理想人格的价值指向。这为新时代君子人格的养成提供了红色文化基因。作为人类文明进程中最先进的理论，马克思主义人格养成的价值追求还有其他方面的内容，如科学、民主、信仰等，也是理想人格养成所不可缺少的。大学生在弘扬马克思主义理想人格的价值追求的过程中，要牢固树立科学和民主意识，把追求实现共产主义作为人生的终极信仰，在学习和生活中，积极投身中国特色社会主义实践，锤炼意志，培养品性，提升能力，养成新时代君子人格。

① 《马克思恩格斯文集》第二卷，北京：人民出版社，2009年版，第53页。

第四节　践行社会主义核心价值观

2018年9月，习近平总书记在全国教育大会上，明确指出我们的教育工作要以凝聚人心、完善人格、开发人力、培育人才、造福人民为工作目标，培养德智体美劳全面发展的社会主义建设者和接班人。完善人格是人才培养的主要环节和重要支撑。新时代的建设者和接班人必须把完善人格作为学习和工作的目标。如何完善人格，进而养成新时代君子人格，除了继承优秀传统文化的君子人格价值追求，吸纳西方文化对人格培养的积极价值追求，弘扬马克思主义人格理想的价值追求，大学生还必须立足现实，切实践行社会主义核心价值观。

社会主义核心价值观的丰富内容是对中华优秀传统文化的思想精华和道德精髓的继承。习近平总书记指出，中华优秀传统文化注重讲仁爱、重民本、守诚信、崇正义、尚和合、求大同，这些时代价值是涵养社会主义核心价值观的重要源泉[①]。新时代君子人格的养成，既有对传统君子人格价值追求的继承，也有对时代价值内涵的弘扬。新时代君子人格在弘扬和践行社会主义核心价值观的过程中，要遵循社会主义核心价值观的具体要求，将之纳入自己的学习和生活实践当中，不断丰富自己的人格内涵，提升人生境界。这一实践过程可以从社会主义核心价值观的三个层面予以落实。

一、国家建设层面的价值追求

新时代君子人格的养成要以时代发展的主题为价值追求，这是当代大学生所肩负的使命所在。“建设富强民主文明和谐的社会主义现代化国家，

① 习近平：《习近平谈治国理政》，北京：外文出版社，2014年版，第164页。

实现中华民族伟大复兴，是鸦片战争以来中国人民最伟大的梦想，是中华民族的最高利益和根本利益。”[①]人格不是抽象的存在，新时代君子人格也是如此。当代青年生长在红旗下，适逢中国特色社会主义建设的伟大时代。面对千年未有之大变局，大学生要自觉地把自己的人格命运和国家建设的总体目标结合起来。

近代以来，中国的发展一再错过融入世界发展的潮流，陷入积贫积弱、被动挨打的境地。国格不存，人格焉能挺立！当一个国家陷入被开除“球籍”的危险境地时，其国人自然也就不可能得到世人的认可。中国先进的知识分子，带领觉醒过来的中国人，奋力追赶。经过一百多年的奋斗，中国从站起来到富起来，再到逐渐强起来，中国的国运开始得到彻底改变。国格挺立了，人格尊严有了保障，中国人开始在世界范围内得到尊重。富强只是物质层面的强大，一个国家的真正强大还表现在有民主的作风和文明的环境。建设民主和文明的国家需要所有人积极参与，这也是锤炼新时代君子人格的必由之路。

富强、民主、文明的价值追求，需要得到延续，得到整体的贯彻，这就是和谐价值的意义所在。新时代君子人格要把和谐的价值追求作为身心修养的关键，以此来保证自我人格的一致。和谐强调人与自然、人与社会、人与人、人与自我的协调一致，这是一个国家能够为每个人提供和谐氛围的前提。大学生在养成新时代君子人格的过程中，以和谐的价值追求为目标，就能够保证身心的稳定发展。一个身心和谐的人，他一定不是焦虑不安的，也不会是抑郁不振的，他一定能够摆脱异化人格的影响，让自己成为具有亲和力的人。这也是新时代君子人格养成的基本价值遵循。

二、社会发展层面的价值追求

一个社会的价值导向直接关乎个体的价值追求。自由、平等、公正、

① 习近平：《习近平谈治国理政》，北京：外文出版社，2014年版，第169页。

法治是社会主义核心价值观在社会层面的具体要求。这是对人类社会历史发展进程中合理价值追求的继承和弘扬。前文对自由、平等的价值追求与新时代君子人格的养成关系已经做出了阐述。公正的价值追求对于现代社会发展也尤为重要。在某种意义上，公正是正义价值追求的进一步拓展。正义要得到实现，需要公正来予以保障。社会如果缺少公正，人们就会感到生存的境遇是有缺陷的，人们获得成长的机会就会不公平。人格的平等是天然的，因为人格是平等的，所有人都应该得到公正的对待。

当自由、平等、公正得到实现时，一个社会的法治状态就能够到来。法治对于现代社会而言，是一种最底线的标准。社会处处充满法治精神，人人时时遵守法制要求，法治的价值追求就能够成为一个社会的基本共识，成为一个人处世立身的保障。“法治建设要为了人民、依靠人民、造福人民、保护人民。”[①]社会主义核心价值观建设的最终目的是人民的需要，是保障人民的利益。一个法制健全的社会，是人格健全并能够得到充分发展的社会。

“立善法于天下，则天下治；立善法于一国，则一国治。”当代大学生要自觉地树立法治意识，增强法治观念，正确认识和把握自由、平等、公正、法治的价值内涵。大学生学习的专业可能有差别，将来从事的职业也千差万别，但是任何专业、任何职业都需要遵循规则，合理的规则意识是法治精神的最基本体现。新时代君子人格就是要懂得法治规则的价值，要遵循一切合理的规则。一个懂规则、守规则、循规则的人，才能真正获得自由平等公正的对待，才能为社会法治环境的完善提供助力。社会主义核心价值观在社会层面的价值追求为新时代君子人格的养成提供了法治精神和法治规则的保障。

① 习近平：《习近平谈治国理政》第三卷，北京：外文出版社，2020年版，第284页。

三、公民成长层面的价值追求

现代社会是法治社会，需要讲求公民意识。公民意识的核心是责任和权利关系的协调。在养成新时代君子人格的过程中，公民层面的社会主义核心价值观追求能够为大学生的个体成长和人格养成提供基本的价值遵循。爱国、敬业、诚信、友善作为社会主义核心价值观在公民层面的要求，可以充分保障公民的基本人格，以及公民的责任和权利得到实现。

爱国是现代公民的基本价值追求。“在中华民族几千年绵延发展的历史长河中，爱国主义始终是激昂的主旋律，始终是激励我国各族人民自强不息的强大力量。”①不论树的影子有多长，根永远扎在土里。中国人自古就有爱国的优良传统。一个不爱国的人，其价值追求一定会出问题。出卖国家利益，损害国家形象的人，难以形成理想人格。敬业要求人们保持高度的职业道德。中国特色社会主义建设离不开每一个公民的努力和付出。现代社会分工越来越细，对人们的职业技能的要求很高。大学生在完成校内学习之后，必然进入社会，走上工作岗位。人们常说职业无高低，品行有高下，这就要求大学生进入工作岗位以后要干一行，爱一行，精一行。爱岗敬业的价值追求，与马克思主义的劳动价值观是一脉相承的。劳动创造了人类，劳动推动了人类进步。现代社会人们更应该积极参加各种劳动，用自己的双手养活自己，不让自己成为社会的负担。

诚信则是对一个人言行的最底线要求。诚信是指在与人打交道的过程中，保持真诚的本质，践行诺言。诚信作为一种价值追求，也是中华优秀传统文化一直秉承的美德。诚信之诚是对君子人格内在品质的要求。传统君子文化认为“诚者，天之道也；思诚者，人之道也”②，君子以诚为本，是其人格的基本体现。诚信之信则是在实践过程中，君子守诺和践诺的表现。作为现代公民，诚信无疑是新时代君子人格最底线的要求。友善是对

① 习近平：《习近平谈治国理政》，北京：外文出版社，2014年版，第58页。
② 《孟子·离娄上》。

优秀传统君子人格价值追求的继承和发扬。与人为善，与己为善。友善作为人与人交往的基本规则，是保证人与人平等交往的前提。大学生要懂得诚信为本，友善为要，加强自我人格修养，使自己在新时代君子人格养成的道路上，成为一个心地善良、善意待人、善心处世的优秀大学生。

新时代君子人格的养成需要时刻以社会主义核心价值观为价值引领，这是人生启航的最为原始的精神动力。“人生的扣子从一开始就要扣好”，“青年要从现在做起、从自己做起，使社会主义核心价值观成为自己的基本遵循，并身体力行大力将其推广到全社会去。”①这个过程可能会比较漫长，也可能会遭遇曲折，但是只要坚持下去，新时代君子人格就一定会得到充实，每个大学生的人生成长就都会迈向自由而全面发展的阶段。

大学生充分认识到新时代君子人格的价值追求，需要教师的引导和培育。教师要密切关注大学生新时代君子人格的养成，高校要以全员育人、全程育人、全方位育人的机制来实现这一目标。“十年树木，百年树人，一个民族是否有希望，要看是否重视教育，要看青少年一代能否健康成长、是否具有健全的人格。而对于青少年的培养，主要责任在教师。在各行各业中，我们应当和必须要求大中小学的老师率先成为君子，君子之德就是师德，是当一名教师的基本资质，然后才是专业能力和教学方法。有大批君子教师在岗，才会有大量的君子学生出现。”②与这一想法相应，新时代君子人格的养成也要求教师成为一名新时代君子，牢记新时代君子人格的价值追求，通过日常的教育和培养，造就更多的新时代君子。

思考题：

1.东西方文化中有哪些价值追求能够为养成新时代君子人格提供借鉴？

2.实现人的自由而全面发展与新时代君子的实践有何关联？

3.社会主义核心价值观对新时代君子人格养成有哪些意义？

① 习近平：《习近平谈治国理政》，北京：外文出版社，2014年版，第172页。

② 牟钟鉴：《君子人格六讲》，北京：中华书局，2020年版，第180页。

延伸阅读：君子人格典范之三

人民的好总理——周恩来

周恩来（1898—1976），伟大的马克思主义者、无产阶级革命家、政治家、军事家、外交家，中华人民共和国的开国元勋。他始终肩负着民族复兴大任，克己奉公，鞠躬尽瘁，死而后已，赢得了全国人民的衷心爱戴。

少年立志为中华　少年周恩来就立下了“为中华崛起而读书”“愿相会于中华腾飞世界时”的理想，决心献身于中华民族的解放事业。周恩来19岁赴日留学前，写下一首《大江歌罢掉头东》：

大江歌罢掉头东，邃密群科济世穷。
面壁十年图破壁，难酬蹈海亦英雄。

这首诗引用的是苏轼的《念奴娇·赤壁怀古》，表明作者内心壮怀激荡的心情。邃密即深刻细密，群科指他在南开学校接受的教育。面壁十年是禅宗初祖在嵩山面壁苦修的故事，借以表达作者的坚定决心。蹈海写的是革命家陈天华为抗议日本人对中国人的歧视，蹈海殉国的事，显示了作者不畏牺牲的凌云之志。从这首诗可以看出，周恩来从青年时代起，就抱有强国之志，这与新时代君子人格的内在价值追求是一致的。

矢志革命成大业　周恩来自立定志向，就走向了创立和建设新中国的革命道路。他曾在一首送友人的诗中，表达了自己准备卧薪尝胆，铁肩担道义的革命精神。《送蓬仙兄返里有感》：

相逢萍水亦前缘，负笈津门岂偶然。
扪虱倾谈惊四座，持螯下酒话当年。
险夷不变应尝胆，道义争担敢息肩。
待得归农功满日，他年预卜买邻钱。

这首七律诗，回顾了与同窗好友共同学习生活的历史，抒发了为拯救祖国而刻苦自励、卧薪尝胆，热烈期待他日为国立功，在革命胜利之时再与好友欢聚的无畏和乐观精神。正是心中做好了充分准备，周恩来才勇敢地担当起时代的使命。在第一次国共合作期间，他任黄埔军校政治部主任，为北伐的胜利立下了功劳。西安事变发生后，他又受党中央委派，与张学良商谈，与国民党高层周旋，最后促成事变和解，实现第二次国共合作，建立起抗日统一战线。1941年皖南事变发生，新四军七千将士蒙难。周恩来在《新华日报》写下“千古奇冤，江南一叶；同室操戈，相煎何急?!”言辞充满着正义和刚直，揭露了蒋介石反动集团置民族危难于不顾的罪恶行径。周恩来的言辞和行动无一不在诠释一位君子人格内心的追求。

知重负重天下公 中华人民共和国成立以后，周恩来担任总理长达26年，内政外交，重任在肩，夙兴夜寐，廉洁奉公，一身正气。周恩来既是国家建设总体蓝图的重要设计者，也是将它付诸实施的卓越组织者和管理者。新中国成立以后，他平时每天工作12个小时以上，有时甚至在16个小时以上。周恩来为积极探索符合我国国情的社会主义建设道路、推进社会主义革命和建设事业倾注了大量心血，做出了奠基性贡献。周恩来开创了新中国的外交局面，提出和平共处五项原则，推动亚非会议成功召开，赢得了世界上正义力量的赞扬，同时也是中国广交世界朋友，融入现代世界历史发展的开始。习近平总书记指出，周恩来同志是近代以来中华民族的一颗璀璨巨星，是中国共产党人的一面不朽旗帜。周恩来同志的崇高精神、高尚品德、伟大风范，以及他身上展现出来的中国共产党人的崇高精神，是历史的，也是时代的。这些精神与新时代君子人格倡导的价值追求是一致的。

第四章　立德修身

君子作为新时代大学生的人格典范，首先表现为立德修身的道德修养功夫。大学生在君子的立德修身中需要理解、体验和践行以下四个方面的内容：人性成善的内在条件、培养美德的具体方法、美德在生活中的贯彻以及道德自由所展现出的审美人生。这些思想能够给大学生的道德修养提供重要启示，通过在日常学习、生活和工作中的践行，促进君子人格的养成。

第一节　立心明德

《大学》云："大学之道，在明明德，在亲民，在止于至善。"[①]《大学》一文原出于《礼记》，南宋时，大思想家朱熹将其与《论语》《中庸》《孟子》合称为"四书"。《大学》里这句话的意思是：大学所追求的目标在于弘扬人性中光明的美德，在于用仁爱唤醒人民内心中的良知，在于通过人格养成逐渐达到人性和社会的至善。古代的"大学之道"关心人性、人民与社会，当代的大学之道也应如此。大学之道从"明明德"开始，大学生君子人格养成也应该从立心明德，即寻求并确立人性中光明的德性开始。

① 《礼记·大学》。

一、心是人性的基点

不管是古代，还是现代，人们都崇尚人性的美德，向往社会的美好。这是因为，人性中本来就具有美好的种子和因素，肯定人性中有善的种子，便是在人性论的问题上赞同性善论。性善论探讨的正是“明德”的问题，是人性问题上的本体论，目标是要在人性中寻求光明美德的源泉。思考人性的本质，要从根本处把人性与其他事物之性区别开来。人性是一切人所共同具有的属性，人性概念的外延一定要包含所有人，无一例外；而且，人性还必须是人所独有的本性，在内涵上与其他事物划清界限。人的共性有很多，比如一个鼻子、两只眼睛，又比如饥而欲食、劳而欲息等，但不是所有的共性都是人所独有的，必须要找到某个既是一切人所共同具有并且又是人所独有的才行。战国思想家孟子找到了“心”，他把“心”当作人性的基点，因为“心”同时具备了人性的两个条件和要求，即所有人都有“心”，而且只有人才有“心”。孟子的这一思想影响很大，成为中国后来讨论人性基点问题的核心，对于新时代大学生君子人格的养成也同样具有借鉴意义。

孟子所讲的“心”不是人体心脏这一器官，不是情感欲望，也不是思想观念，而是“良知”“良能”，或者是通俗所讲的“良心”。孟子说：“人之所不学而能者，其良能也；所不虑而知者，其良知也。”[①]“良能”是“不学而能”，“良知”是“不虑而知”，说明“良知”“良能”是一个人与生俱来的认知与能力。朱熹在解释孟子这句话时说“良者，本然之善也”，并引用程子的话进一步解释说：“良知良能，皆无所由，乃出于天，不系于人。”[②]朱熹所讲的“本然”就是本来的意思，即生来就有，天生便是，既不是后天养成的，也不是他人给予的，而是天生的。所以，作为人性基点

① 《孟子·尽心上》。

② 朱熹：《四书章句集注》，北京：中华书局，1983年版，第353页。

的“心”先天具有向善的认知和成善的能力。

人性中本来具备善的种子，这对于一个人的成长和修养来说具有重要意义。在人们成长的过程中，从家庭到学校，从学校到社会，到处都在宣扬善，反对恶，人们也习以为常地以善为美，以恶为丑。但是，仔细思考起来，人为何要向善？为何不能为恶呢？对于这两个问题，不能只从现实的功利和需求上来解释，否则，现实条件一旦改变，功利的目的一旦达成，善的信念就会随之被抛弃，人性的基石就会动摇。所以，善还必须要在人性自身中寻求根源。从逻辑上来说，先有因，然后才能有其果，只有人性先具备成善的种子，才能够最终成就善性，所以，人心为人性之善提供了先天依据。同时，只有人性本来就存在向善的趋势，人们才能有理由相信，向善是理所当然的，是天经地义的，是出于本性、合乎自然的。从实践上来说，虽然人性先天具备成善的种子，但是种子只是提供了潜能，在现实社会中，仍然存在着坏人与坏事，甚至在一些恶劣的社会环境与极端的发展阶段中，恶的因素还可能会超过善。然而，人们并不会因为恶的存在而放弃对善的信心与努力。这是因为，良心是人性本有之物，从未泯灭，当良心重振时，人性又会拨乱反正，重新让社会走向善的正途。所以，此“心”意义重大。

二、心具备成善的能力

大学生如若要成为君子，要确立信心，相信自己具备成为君子的能力。人心之中具备善的种子，这颗种子虽然还没有开花结果，但已经为人们提供了向善和成善的条件，只待顺其发展，开花结果。孟子认为，人心同时具有“良能”“良知”两个方面的能力。“良能”指一个人具有的行善的能力，“良知”指一个人所具备的对善恶加以判断和认知的能力。因为“良能”和“良知”是“不学而能”和“不虑而知”的，所以只要人们多倾听自己内心的声音，用心理解他人，用心做事，就会逐渐发现，依靠自己的“心”，人人都能够对善恶加以判断，人人都可以行善，并成为善人，成为君子。

孟子认为，“心”所具备的成善能力有四个方面，即恻隐之心、羞恶之心、恭敬之心和是非之心。孟子说：“恻隐之心，人皆有之；羞恶之心，人皆有之；恭敬之心，人皆有之；是非之心，人皆有之。恻隐之心，仁也；羞恶之心，义也；恭敬之心，礼也；是非之心，智也。仁、义、礼、智，非由外铄我也，我固有之也，弗思耳矣。”[①]恻隐之心就是同情心、不忍之心，如看见他人受苦受难，感同身受，不忍去看；羞恶之心就是羞于为恶或不愿行恶的心，如见到别人做坏事，心中会产生厌恶之感，自己做了坏事，会脸红心跳，心中会感到羞耻、羞愧；恭敬之心，即谦逊和礼让的心，如见到老、弱、病、残，不忍相争，会油然生出爱护的心；是非之心，是指明辨是非的能力，人们常说，人人心里都有一杆秤，于心中便能判断出对错来，说的便是是非之心。

既然人心之中本来具备成善的条件，那么，这个条件便不用向外去寻找了，只要向内去寻，便可以找到成善的资源，并一路向上。南宋哲学家陆九渊说：“今吾友既得其本心矣，继此能养之而无害，则谁得而御之。如木有根，苟有培浸而无伤戕，则枝叶当日益畅茂；如水有源，苟有疏浚而无壅窒，则波流当日益充积。”[②]意思是说：当一个人能顺着自己的本心直养下去时，任谁也无法阻止其向善的发展，有心之人就好像有根之木，只要每日守护培养，不去伤害，枝叶自然日益茂盛，也好像有源之水，只要令其疏通，而不阻塞，自然日益充盈。所以，每个人都应当对自己的人格培养充满信心，也应该对自己的道德行为负责。在人性的基础和前途上，圣人、君子和普通人没有任何区别，每个人都能够成就君子一般的美德。

三、道德主体性的培养在于立心

道德主体性是指人们在观念或行为中展现出的向善的自主性和能动性。

① 《孟子·告子上》。

② 陆九渊：《陆九渊集》，北京：中华书局，1980年版，第92页。

人们在道德实践中常会出现身不由己和心甘情愿两种情况：当一个人因为外在的约束而被迫为善时，便是身不由己的，此时，他所展现出来的善是不自主的，身心之间是存在矛盾的，其道德行为是他律的，说明“心”的作用并没有真正发挥出来；当一个人不受外在环境的影响，心甘情愿为善，自作主宰时，他所展现的便是道德的主体性，是道德的自律。两者相比，前者或多或少掺杂了功利的目的，在真诚上有所不足；而后者在道德修养与践行上更为纯粹和真诚，因而道德境界更高。所以，新时代大学生君子人格养成，不但要树立崇高的目标，而且还要将此目标建立在道德主体性的基础之上。道德主体性的培养在于立“心”。

“心”既然人人本有，为何还需要立呢？这是因为，“心”微而不显，不但被人们所忽视，而且还会被私欲所遮蔽，“心”时常不能发挥出主体性的作用。正如《大学》所说：“心不在焉，视而不见，听而不闻，食而不知其味。”[1]《大学》中的“心不在焉”不是今天所说的思想不集中，而是作为人性基点和善之本源的“心”没有发挥主体的作用。在中国哲学中，“心”是人的主宰，是视、听、言、动的真正主体。如果心不在焉，则虽有目却视之不见，虽有耳却听之不闻，虽有鼻舌却不能主动知味，虽有思维的能力，却不能开动脑筋。所以，在本体上，虽然“心”人人皆有，但在后天的修养中又需要立心、用心。“心不在焉”，常常是因为受到私欲的遮蔽。朱熹说：“众人物欲昏蔽，便是恶底心；及其复也，然后本然之善心可见。”[2]人有情有欲，本是正常的，问题在于循之而不能复，即深陷欲望之中而不能自拔。一个人如果一味地顺从自己的情感和欲望，将情感和欲望的满足当作人生的目的，那么，为了情感和欲望，他就会不择手段，就会见利忘义，就会丢掉本心。如果让情感和欲望主导了人性，人就成为情和欲的奴隶，身不由己，道德的主体性就无从建立了。孟子所谓“自暴自弃”正是由此而发：“自暴者，不可与有言也；自弃者，不可与有为也。言非礼

① 《礼记・大学》。

② 黎靖德：《朱子语类（第五册）》，北京：中华书局，1986年版，第1795页。

义，谓之自暴也；吾身不能居仁由义，谓之自弃也。仁，人之安宅也；义，人之正路也。旷安宅而弗居，舍正路而不由，哀哉！”[1]心是人类生命的家园，由心而展开的人生之路是人生的正路，舍弃心灵的家园，戕害自己的本性，抛弃自己的良知，便是自暴自弃。所以，立德在于存心，明德在于立心。

第二节 修身养性

人心之中虽然具备了善的种子，但是，如若要真正成就君子的善性，关键还在于后天的修养。“立心”可以使人们树立道德的信心，有助于培养道德的自觉性和主动性，但是，光有“心”还是不行的。孔子曰：“苗而不秀者有矣夫！秀而不实者有矣夫！”[2]“心”犹如树苗，好的树苗未必都能开出美丽的花朵来，开出了花朵，也未必都能结出丰硕的果实来，从苗到花，从花到实，其中还需要经历无数风雨磨砺。从大处来说，修身养性无非是由“心”而发。具体而言，修身养性又包含着许多修养的功夫。

一、持敬存养

修身养性的起点是“心”，然而“心”只是开端和萌芽，有待于生根、发芽、成长、壮大。修身养性就是“心”的存养过程。《尚书》曰：“人心惟危，道心惟微，惟精惟一，允执厥中。”[3]意思是说：人心的成长充满了许多不安定的危机，道心却微妙难明，惟有精心体察，专心致志，才能坚持一条不偏不倚的正道。在这段话中，“道心”指人纯粹的本心，“人心”

① 《孟子·离娄上》。
② 《论语·子罕》。
③ 《尚书·大禹谟》。

指现实中掺杂着私欲的人性，“道心”微妙，时常受到后天私欲的干扰和遮蔽。所以，修身养性在于存养本心。为此，孟子提出“尽心”的思想。“尽心”就是存养，它是一种持久的道德修养的功夫。孟子认为，“尽心”在于“养气”，即养浩然之气。在人的生命之中，心是统帅，气是对心的专注和坚守所体现出的意志，心乱则气不平，心平则气和。“心”通过“气”的发动来发挥作用，而“气”的发动又反过来作用于“心”。所以，要想保存、巩固和发扬“心”，首先就要让“心”来统帅“气”，让“气”专注于“心”。孟子说：“其为气也，至大至刚，以直养而无害，则塞于天地之间。其为气也，配义与道；无是，馁也。是集义所生者，非义袭而取之也。行有不慊于心，则馁矣。”①孟子认为，浩然之气至大至刚，只要直接去培养它就行，既不要助长，也不要损害；浩然之气的培养要与道义相配合，如果没有道义，浩然之气就会萎缩；浩然之气是通过不断积累道义而产生的，不是偶尔一次正义的举动就能取得，一旦行为有愧于心，就会气馁。由此可见，养浩然之气就是在日常生活中让自己的起心动念、一言一行都保持着对本心和道义的坚守，经过长久的养成，使正义充满全身。

“养气”重在坚守本心，对本心充满敬畏，为此，理学提出“持敬”的功夫。“敬”是对待“心”的一种态度，是让人们在为人处世中时时刻刻保持一心一意，专心致志，不离本心。正如朱熹所说：“何者为心？只是个敬。人才敬时，这心便在身上了。”②人与万物的最大区别在于“心”，动物的行为一般出自生理的本能，受情欲左右，而人之为人，除了情欲的本能之外，还有“心”。让“心”当家作主，不仅是君子人格养成的关键，甚至成为人之为人的标准。康德曾说：“有两样东西，人们越是经常持久地对之凝视思索，它们就越是使内心充满常新而日增的惊奇和敬畏：我头上的星空和我心中的道德律。”③“惊奇”和“敬畏”是康德理解人之所以为人的

① 《孟子·公孙丑上》。

② 黎靖德：《朱子语类（第一册）》，北京：中华书局，1986年版，第209页。

③ 康德：《实践理性批判》，邓晓芒译，北京：人民出版社，2003年版，第220页。

立足点，对世界充满惊奇和赞美，能够服从内心道德律令的人，才是高尚的人，是有人格的人。所以，人们在洒扫应对中应该时时“提起这心”，体察此心所流露出的恻隐、羞恶、辞让、明辨的倾向和诉求，敬畏并顺应此心，将此心应用于万事万物之中。

二、用心于事

人“心”如同果仁之“仁”，都是内在的。植物的种子叫仁，从种子到树木的成长不能只待在温室里，必须要经历风吹雨打才能壮大。同样，心是德性的种子，不管是“尽心”，还是“持敬”，也必须要在与人与事的交往和历练中去发现，去巩固。人生是在世的，人在世界之中，世界也在人心之中。“心”是生命的主宰，也是道德的源泉，只有懂得用“心”的人，世界才会因此“心”的关怀而充满善性，成为伦理的世界，人才能成为道德的主体。所以，道德实践不仅要立心，还要用心，修身养性在于将“心”运用于万事万物之中。

《中庸》说：“喜怒哀乐之未发，谓之中；发而皆中节，谓之和。中也者，天下之大本也；和也者，天下之达道也。”①此中的“天下之大本”便是“心”。“心”是喜怒哀乐未发的状态，喜怒哀乐受到情欲的牵绊和外物的感召，有所偏执，在所难免，而“心”作为未发状态，是不偏不倚的，所以称为“中”。“心”不是死物，在人的能动性作用之下，“心”随着人的视、听、言、动而发动。然而，人的视、听、言、动既可能源自不偏的“心”，也可能源于偏执的情欲。道德实践在于用“心”于事，不感情用事，使事事物物皆达到和谐。中国的大乘佛教讲求“中道”，也是要将心与事统一起来，用心来统摄事，用事来表现心，以不变的心随缘，又在随缘中保持心的不变。随缘不变，是指在与人与事打交道中保持本心的不变，这是立心、守心的功夫；不变随缘，是说本心虽然不动，但又要将此心灵活地

① 《礼记·中庸》。

应用于万事万物之中，犹如月印万川，本质同一，处处皆圆。大学生在学习、生活以及将来的工作中，会遇到方方面面的事情，事情各有特点，也各有规律，需要用心体察。而且，人们在做每一件事情时，都有其价值观参与其中，而人心之中本身就具有善的价值趋向。所以，人们要在立心的同时善于用心，在事事物物上皆体现心的良善。

三、格物穷理

修身养性首先要立心、持心，目的在于确立根本。正如陆象山所说："先立乎其大，而后天之所以与我者，不为小者所夺。"[①]只有先立心、持心，人们在与人与事打交道时才不会逐物而忘本、见利而忘义。不过，持心并不代表舍物，因为万事万物之中皆有道理。从道德实践上来说，修身养性虽然"以修身为本"，但是修身又必须要在他人和他事上磨砺，以正确处理自我与他人他事的关系为目标。正如孔子所说："夫仁者，己欲立而立人，己欲达而达人。"[②]有仁德的人，自己想立身，也让他人能立身；自己想要事业通达，也让他人事业通达。孔子说："不患人之不己知，患不知人也。"[③]不用忧患他人不理解自己，应当忧患自己还不够理解他人。孔子的学生樊迟问"仁"，孔子说："爱人。"[④]又问"知"，孔子说："知人。"[⑤]仁爱虽然根植于心，但又要作用于人，不爱人，谈不上真正的仁；人虽然贵在自知，但还要知人，不知人，又怎么能知道他人所想、他人所忧呢？又怎么能把对他人的仁爱之心落到实处呢？所以，修身养性还需要格物穷理。

格物穷理是朱熹提出来的思想，《大学》："所谓致知在格物者，言欲致吾之知，在即物而穷其理也。"[⑥]"格物"就是即物穷理。事事物物上都有

① 黄宗羲：《宋元学案》，卷五十八《象山学案》，北京：中华书局，1986年版，第1885页。
② 《论语·雍也》。
③ 《论语·学而》。
④ 《论语·颜渊》。
⑤ 《论语·颜渊》。
⑥ 《礼记·大学》。

道理，当人们用“心”于事时，不仅要立其“心”，还要努力穷尽事物中的道理，这样才能内外兼顾，一以贯之。朱熹说：“且如一贯，只是万理一贯，无内外本末，隐显精粗，皆一以贯之。”[①]所以，君子不仅要向内用功，持守本心；还要向外用功，穷事之理。立心与穷理是相互促进的。拿孝敬父母来说，子女既需要有孝心，还需要了解父母，想父母之所想，忧父母之所忧，如果光有一片孝心，而缺少对父母的理解，那么是难以真正发挥和落实孝心的。父母疼爱子女也是一样，既要有爱，又要有知。父母有爱心，才会真心实意地对子女好；父母有知识，才能懂得如何让子女好。父母如果一味去爱，却不懂教育的方式、方法，可能就会适得其反，因为溺爱害了子女。孔子说，“修己以安人”“修己以安百姓”[②]。修身虽是基础，但目的却是“安人”“安百姓”，如果不知人，不知百姓，又如何能安百姓乃至平天下呢？所以，君子修身养性，不仅要立足于自身，还要通过格物穷理的功夫知人、知物。

四、克己玄同

道德的基点是自己，而目标却在他人、他物，君子的道德修养表现为由己心层层扩充到他人、他物，乃至天地的趋势与境界。孔子有“天下归仁”[③]的宏愿。仁既是道德的起点（人人皆有仁心），又是道德的理想与终点。天下人如果都能“依于仁”，则“天下归仁”。庄子也有“天地与我并生，而万物与我为一”[④]的博大胸襟与境界，主张超越物我的对待，包容万物，一视同仁。在中国思想中，不管是儒家的“民胞物与”，道家的“万物一齐”，还是佛教的“一切众生悉皆平等”，都认为众生虽然千差万别，但本质上是平等的。老子把这种价值观念称为“玄同”。老子说：“塞其兑，

① 黎靖德：《朱子语类（第八册）》，北京：中华书局，1986年版，第2976页。
② 《论语·宪问》。
③ 《论语·颜渊》。
④ 《庄子·齐物论》。

闭其门，挫其锐，解其纷，和其光，同其尘，是谓玄同。”[①]在老子看来，圣人不由耳目乱其心，除去个人的偏见，消散纷乱的意见，不去人为地划分贵贱，和同光辉与平凡，这就叫“玄同”。从历史的长河来看，一切人为的贵贱之别终将泯灭；从修身养性的层面来说，“玄同”所展现的是生命的大境界，是对自我中心的超越，是包容他人乃至万物的胸怀。

玄同在于克己。“克己”一词出自《论语》，孔子对颜渊说：“一日克己复礼，天下归仁焉。”[②]“天下归仁”的理想虽然远大，但又与每个人息息相关，如果每个人都能放下自己的私欲，融入自然与社会和谐共生的秩序之中，则“天下归仁”就可瞬间达到。“己”与“人”相对，道德虽然源于自己的内心，但如果过于强调自心，以自己为中心，就会逐渐漠视他人，而失了本心。所以，修身养性需要“充其量”“大其心”。孟子曰：“亲亲而仁民，仁民而爱物。”[③]“亲亲”指爱自己的亲人，以血缘关系为基础的“亲亲”为仁爱提供了先天的根据。但是，“亲亲”还谈不上真正的德行，德行既要超越家族的血缘纽带，又要突破狭隘的利益团体，将仁爱扩充至他人，乃至万物之上，犹如孟子所说的“老吾老，以及人之老；幼吾幼，以及人之幼”[④]，这些都需要以“克己”为前提。“克己”在于放下自己的中心位置，消减自我与他人乃至万物的对待关系。为此，老子提出“反主为客”的思想。老子说：“吾不敢为主，而为客；不敢进寸，而退尺。”[⑤]我们今天常讲反客为主，因为许多人想做主，想成为中心，但是老子却提出反主为客的思想，让人们在世界之中，在与人与物相处时，以客人的身份谨慎、谦虚、尊重、包容，而不要以主人自居，自作主张，为所欲为。在当今社会，不管是人际交往、社会治理，还是生态保护，克己玄同的思想都能发挥积极的作用，应当成为新时代大学生君子修身养性的重要内容。

---

① 《老子・第五十六章》。
② 《论语・颜渊》。
③ 《孟子・尽心上》。
④ 《孟子・梁惠王上》。
⑤ 《老子・第六十九章》。

第三节　知行合一

在新时代大学生君子立德修身中，立心明德与修身养性侧重于内在心性的修养，而知行合一则强调道德实践的重要性。道德源之于心，见之于行，修身养性重在思维省察，并由内在的德性化为外在的德行，最终落实到行动中。知与行是不可分割的，明代哲学家王阳明说："知是行的主意，行是知的功夫；知是行之始，行是知之成。"[①]人的行是在心作用之下的行，不是冥行妄作；人的知也不是茫茫荡荡的空想，而是基于实践的需要，以实践为目的。知行合一要求人们重视道德实践的作用，在实践中体验和巩固德性；知行合一要求人们做一位名副其实的真君子，让外在的行为与内在的心性保持一致；知行合一还要求人们将知识与德行一同成就，当一名德才兼备的新时代有用之才。

一、在道德实践中体验和巩固德性

体验德性是指通过自己的身体力行来体会本心和道理。当本心和道理没有经过自己亲身体验的时候，是隐而未显的，是外在于自己的。拿本心来说，虽然每个人先天都具有恻隐之心、羞恶之心、辞让之心和是非之心，但是这个结论却是通过后天一次次的道德实践得出来的，是圣贤经过自己的亲身体验之后回过头来说的话。道理也同样如此，从小到大，我们从父母和老师那里听过许多道理，这些道理可能一时理解了，但是如果没有真正被我们体验到，便不会觉得这些道理有多么深刻和重要，这时的知只是貌似有知，其实还谈不上真知。只有等到在生活中的某一刻遇到了困境，

① 王守仁：《王阳明全集》，上海：上海古籍出版社，2014年版，第5页。

突然想到那些听过的道理，这些道理验证了眼前的事情，才能明白，道理原本不是空谈而来，而是基于生活实践经验的总结，并能切实地应用于生活实践之中，此时的道理便不再是外在于自己的了，而是能深入内心，成为真知。正如朱熹所说："方其知之而行未及之，则知尚浅。既亲历其域，则知之益明，非前日之意味。"[①]陆游也说："纸上得来终觉浅，绝知此事要躬行。"为何要成为君子，以及如何成为君子，都包含了许多道理，这些道理到底有没有道理，有没有真实的用处，需要大家一同来体验，一同去验证。

德性是人性的种子，种子是微小和脆弱的，它有待于成长、壮大、开花、结果。种子是潜能，要想获得最终的结果，离不开道德实践的过程。孔子把"仁"看作君子的人格理想，他的学生们皆以此为目标。有一次，孔子的学生颜回问老师究竟怎样才能达到"仁"，孔子回答说："非礼勿视，非礼勿听，非礼勿言，非礼勿动。"[②]"仁"的目标虽然远大，但最终还需要落实到视、听、言、动这些生活的细节中来。在先天基础上，每个人都具有成善的种子，没有差别，但是在现实中，人与人之间的道德水平却差异很大，根本原因就在于道德实践是否能够落实。孔子说："性相近也，习相远也。"[③]人性是人生的起点，人生的道路要从人性出发。然而，推动人性进步、弘扬人性光明的是"习"，"习"就是道德实践。如果只是守着本性，而不去切实地用"习"来使人性致远，人性就会止步不前。所以，道德实践才是推进生命之路的根本力量。

二、做一位名副其实的真君子

不管是古代君子，还是现代君子，倡导的都是真君子，而不是伪君子。孔子和孟子把伪君子称为"乡原"，即言行不一、伪善造作、欺世盗名的

① 黎靖德：《朱子语类（第一册）》，北京：中华书局，1986年版，第148页。

② 《论语·颜渊》。

③ 《论语·阳货》。

人。孔子说："乡原，德之贼也。"[1]孟子也说："阉然媚于世也者，是乡原也。"[2]这种人在待人接物时，只是表现得良善，实际上却是为了名利曲意逢迎，没有道德原则与善恶立场，这样的品行既纵容了坏人的邪恶行为，又毁坏了社会的公平与正义，危害深重。而真君子一定是真诚的，是有鲜明的是非判断和道德立场的。在《论语·子路》中有一段孔子与子贡的对话，孔子的学生子贡问老师：有一个人，乡亲们都夸赞他，这个人怎么样？孔子说：这个人未必好。子贡又问：那么乡亲们都厌恶他，怎么样呢？孔子说：这个人未必坏。不如乡里的好人夸赞他，坏人厌恶他。君子是正直的人，其行为也是直心而发，无丝毫刻意与做作，这便是君子的率直与真诚，同时也是知行合一的内在要求。

君子是入世的，希望通过自己的本领来改进社会，然而，入世却容易导致媚俗，存在着被名利裹挟而遗失初心的风险。所以，君子不仅要具备入世的本领和热情，还要保持好初心，坚持原则，使知与行统一起来。道家推崇真人也是由此而发，老子说："大道废，有仁义。"[3]当大道衰退后，有人开始标榜仁义，打着仁义的旗号来谋取私利。对于真君子来说，仁义不是用来标榜的，而是由心自然地生发。正如王阳明所说："知是心之本体。心自然会知：见父自然知孝，见兄自然知弟，见孺子入井自然知恻隐，此便是良知，不假外求。"[4]当先天具足的"良知"发用流行时，贯彻到事事物物上去，就是"致良知"，就是"行"。王阳明非常强调"自然"二字，自然就是"直道而行"，不假外求，没有私欲掺杂其中，因为名利等私欲是导致知行分裂、初心丧失、伪善欺世的最主要原因。所以，做一名真君子就必须要知行合一。

① 《论语·阳货》。

② 《孟子·尽心下》。

③ 《老子·第十八章》。

④ 王守仁：《王阳明全集》，上海：上海古籍出版社，2014年版，第7页。

三、成就德才兼备的君子品格

知行合一不仅是知与行的协调一致，而且还要求知与行的共同进步，即知识与德性一同成就。知行合一与德才兼备存在着密切关系。古人所谓“知”，既包含知识技能，也包括对善的认知与自觉；而“行”则是对知的应用，既是对知识的应用，也是对善的应用。所以，真正的才一定是包含德在内的，而德又通过才作用于事物之中，在才之中表现德、实现德。作为新时代的大学生，我们在培养君子人格时，也要注重德才兼备，将德行作为一项重要的才能加以培养，并在德的感召和指引下，善用知识，服务他人与社会。

孔子说：“行己有耻，使于四方，不辱君命，可谓士矣。”①“士”本是春秋时凭借知识和技能谋求生计的人，在孔子的影响之下，孔门弟子不仅读书问学，更将德摆在首位，成为德才兼备的人是士君子的共同理想。“行己有耻”是讲德，为人处世，自己要有羞耻之心；“使于四方，不辱君命”是讲才，有足够的能力担任工作。所以，君子是德才兼备的，而立志成为君子的大学生更应如此。现代社会科学技术发达，大学生在大学中也以现代科技为学习的主要内容，科技作为人改造世界的主要手段，能够使人心中的善发挥出更大力量，通过科技造福人类，造福生灵。然而，科技又是一把双刃剑，科技掌握在人的手中，不得不受到人心的影响。正如庄子所说：“有机械者必有机事，有机事者必有机心。”②“机事”指追求功利之事，“机心”指功利之心，当人心被功利的欲求占满的时候，科技就会成为满足私欲的工具，见利忘义，加重恶的结果。虽然科技的创造和发展所带来的功利价值是不能否定的，但是也要警惕科技的异化，如果科技成果的应用脱离了善的价值导向，就会成为残害生灵的最大祸患。所以，德性要通过知识才能得到最大限度的展现，而知识也要在德性的保障和引导下合

① 《论语·子路》。

② 《庄子·天地》。

理应用，德才兼备的人才是新时代的有用之才。

第四节　德艺双馨

德艺双馨是指一个人的德行与生活技艺共同进步，相辅相成。在春秋时，孔子设教，授六经，习六艺，其中六艺分别是礼、乐、射、御、书、数，即礼节、音乐、射箭、驾车、书写和算术。六艺是当时的君子必须习得的技艺，包含了礼仪、知识、体育、艺术和生活技能等几大方面，相当于今天德、智、体、美、劳的全面发展。在德与艺的关系中，德贯彻于诸艺之中，人们在生活和工作中，处处都能体现美德；而美德在应用于诸艺之中时，也克服了道德的他律性和抽象性，展现出君子的洒脱与自在。

一、生活处处皆有德

德虽然是内在的，但不是抽象的，而是随着人们的言行举止具体地展现出来，并作用于事事物物之上。拿礼仪来说，人际交往常会用到各种礼貌、礼节，社会中也随处可见各种礼仪，如婚礼、葬礼、祭礼及开学典礼等。礼仪是道德的表现形式，然而，在每一种礼仪中，又都内蕴着礼义，表达着人们的真实情义。孔子说："人而不仁，如礼何？"[①]意思是说：如果人参加礼仪，而内心却没有真实的情义，还要这个礼有什么用呢？再拿艺术来说，艺术表现为美，但也内蕴着善，在艺术中，善通过艺术的特殊形式表达出来。比如音乐，一首美好的乐曲曲调和谐、音量适中、节奏平稳、情感适度，当人们听到这样的音乐时，就会心平气和，性情也趋于中正。这样的音乐古代称为"雅乐""正声"，显然，这样的音乐有利于道德情操

① 《论语·八佾》。

的培养。由此可见，音律与道德存在着密切关系，音乐乃至艺术不但是人们娱乐的手段，而且承载着道德教化和社会治理的功能。君子的德是无处不在的，在体育运动中也有德的存在和要求。孔子说：“君子无所争，必也射乎！揖让而升，下而饮，其争也君子。”[①]古代君子之间进行射箭比赛，登台前相互作揖，比赛结束后还要对饮一杯，以此表达对对方的尊敬和彼此的友谊。今天的奥林匹克运动会在追求“更快、更高、更强”的同时新增了“更团结”的格言，也强调美德，以友谊第一、比赛第二为精神，在体育竞赛中既要赛出水平，更要赛出风格。所以，游艺要据于美德，也要通过自己的“艺”来展现美德、弘扬美德。

“艺”不仅指艺术、知识或技艺，对于新时代大学生来说，艺还体现在大学学习和生活的方方面面，德在各个方面都发挥着作用。在学习上，努力进取、刻苦钻研、实事求是、虚心请教是德；在人际交往中，孝敬父母、尊师重道、友爱同学、团结互助、诚实守信是德；在生活中，勤俭节约、讲究卫生、严于律己、爱护自然也是德。所以，立德修身是具体而多样的，德散布在生活的方方面面，既需要在生活中去体察，又需要在生活中去展现。

二、道德自由展现人生美学

人生美学即人生的艺术性或艺术化的人生，是对诗意人生、审美人生的追求，是现实人生与理想人生的统一。美建立在真与善的基础之上，但又超越了真的现实性与善的约束性。孔子说：“兴于诗，立于礼，成于乐。”[②]诗侧重于真、“质”，诗能够激发人的真性情，使生命感动，并为之振奋。但是，情感的振奋如果不加以引导，就会流于放任与荒淫，因而又需要礼加以规范。礼侧重于善、“文”，重在修饰和节制，用后天之“文”对先天之“质”加以约束和规范，使之条理化、规则化。然而，在礼的强

① 《论语·八佾》。

② 《论语·泰伯》。

制下，人往往又会被束缚在繁文缛节的形式之中，导致以“文”害“质”的弊端。诗与礼、质与文各有偏颇。子曰：“质胜文则野，文胜质则史。文质彬彬，然后君子。”[1]孔子认为，先天质朴过度了，人就会粗俗野蛮；后天文教过重了，人就会浮华不实，只有将两者恰如其分地协调起来，才能成就君子。乐的作用正是要将诗的真情与礼的约束协调中和起来，达到其乐融融的愉悦的自由之境，让人生在仁道中且行且歌。

艺是一种人生美学，展现了君子道德自由的境界。道德自由是指人在对道德伦理有所认知并自觉践履的基础上，将道德规范内化于心并自然显化于事中的一种境界。在我们的实际生活中，善心在应用于诸事务中时，存在着许多难以协调的情况，如好人能否得到他人的理解、好心能否办成好事、做好事能否心安理得，以及人们能否游刃有余地将道德原则运用于事事物物之上。这些矛盾和问题时常与道德的要求纠缠在一起，难以一以贯之。不过，正是因为这些矛盾的存在与纠结，才推动着人生逐渐走向和谐与自由。

孔子说：“志于道，据于德，依于仁，游于艺。”[2]在这句话中，孔子谈到了“道”“德”“仁”“艺”四个根本的问题，并阐述了四者之间的内在关系。“道”者，路也，笼统地说，“道”是自然、社会、生命的内在秩序，孔子的理想是恢复和维系这些秩序，所以叫“志于道”。“德”者，得也，人效法“道”的秩序，用“道”来规范自己，以此形成符合秩序的行为规范，这就是德，即我们今天讲的伦理、道德的意思。人为什么要恢复和维系秩序？为什么要讲究伦理和道德呢？其内在根源就是“仁”。“仁”是内在的种子，对于人来说，人性的种子就是仁，即良心、良知。德与仁都是讲人的内在修养，当这种内在修养毫无阻碍地用于日常生活之中时，就是“游于艺”。由此可见，“道”“德”“仁”“艺”存在着密切关系。依道游艺，艺以弘道；据德统艺，艺以践德；游艺由仁，以艺辅仁，最后都落到“艺”

---

① 《论语·雍也》。

② 《论语·述而》。

上。朱熹在解释“游于艺”的“游”字时说：“游者，玩物适情之谓。艺，则礼乐之文，射、御、书、数之法，皆至理所寓，而日用之不可阙者也。朝夕游焉，以博其义理之趣，则应务有余，而心亦无所放矣。”[①]所以，“游于艺”就是达到理与事之间、心与物之间、天与人之间的贯通无碍，通向道德自由的审美人生。

思考题：

1.肯定人的先天善心对道德培养有什么意义？

2.道德境界的提升为什么需要“克己”？

3.伪君子对个人和社会有哪些危害？

4.为什么道德自由能够走向审美的人生？

延伸阅读：君子人格典范之四

中国人的道德脊梁——孔子

孔子是春秋时期著名的哲学家，儒家学派的创始人，在世时被誉为“天纵之圣”。孔子的哲学与他一生丰富而曲折的经历是密不可分的，他的哲学既是他对人生每一阶段困惑的求索所流露出的智慧的结晶，也是他对那个时代里社会与人心问题的解决之路。孔子对中华民族的最大贡献，并不在于他提出的哲学，而是他的行为以及在行为中体现出的伟大人格。孔子所展现出的人格是生命可能达到的高度，他塑造了中国人的精神脊梁。

孔子，姓孔，名丘，字仲尼，公元前551年出生于鲁国昌平县陬邑。孔子出生的那一年，他的父亲去世了，十七岁时母亲去世。十七岁后，孔子开始工作，做过主管仓库和牛羊的工作。十九岁时，孔子结婚。二十岁有了孩子，名叫孔鲤，字伯鱼。三十岁时，孔子正式授徒设教。在孔子五十

① 朱熹：《四书章句集注》，北京：中华书局，1983年版，第94页。

一岁时，鲁国内部发生叛乱。叛乱被平定之后，鲁国上下开始意识到礼义的重要性，于是开始重用孔子，孔子官至鲁国大司寇。为官期间，孔子为了整顿“君不君，臣不臣”的乱局，实施了一系列的改革措施，但是改革因损害鲁国当权大夫的利益而遭到抵制。在这期间，鲁国君臣又中了齐国的离间计，孔子最终离开了鲁国。五十五岁那年，孔子开始了长达十四年的流亡生涯。流亡期间，孔子虽几经生死，如丧家之犬，但他无畏艰险，理想坚定。

六十三岁时，孔子离开陈国，前往蔡国，在两国边境时绝粮，七日粒米不进，只能吃野菜做的羹。这时，孔子的弟子宰予疲惫至极，颜回在外边捡野菜，孔子在屋里和着琴瑟咏诗。子路和子贡在一起讨论道：在家乡鲁国，老师被驱逐；在卫国，老师无立足之地；在宋国，遭到阻止；如今身在此处，穷困潦倒。人们不认为追杀孔子是有罪的，也不阻止他人欺凌孔子。如今，老师还在弹琴咏诗，难道君子到了如此境地，不应该感到羞愧吗？颜回无言以对，进入房间告诉老师。孔子听了后，推开琴，深有感慨而叹息道：子路和子贡，小人啊！把他们叫进来，我来和他们谈一谈。子路和子贡进来了，子贡率先说道：我们这样，可以说是穷困潦倒了！孔子说：这是什么话啊！君子求道而能行道，这叫达；求道而不能行道，才叫穷。如今我坚守仁义之道，遇到如此穷困的社会，穷困的是环境而不是我，怎么能说是我穷困呢？在这样的乱世中，要时时反省自己，对于正道，无愧于心，面临险境，也不要丧失德性。你们看！寒冷的季节已经到来了，霜雪已经降落了，但松柏仍然挺拔！孔子说完后，凛然返回琴边继续弹奏。子路听了孔子的这番话，志气高亢，手执武器，和着音乐，挥舞起来。子贡说：是我不知天之高，不知地之厚啊！

六十八岁时，孔子返回自己的家乡鲁国。在他人生的最后几年中，他继续收徒授学，并修定六经，将中华文明以及正义的火种传承下去。七十三岁时，孔子去世。司马迁在《史记》中这样评价孔子：

《诗》有之："高山仰止，景行行止。"虽不能至，然心乡往之。余读孔氏书，想见其为人。适鲁，观仲尼庙堂、车服、礼器，诸生以时习礼其家，余祗回留之，不能去云。天下君王至于贤人众矣，当时则荣，没则已焉。孔子布衣，传十余世，学者宗之。自天子王侯，中国言六艺者折中于夫子，可谓至圣矣！

第五章　尊礼守法

尊礼守法是中华优秀传统文化中的重要价值取向，也是现代社会公民立身处世所应遵守的行为规范。“礼”的原始意涵本来是指祭祀的礼仪，东汉经学家许慎在《说文解字》中将“礼”解释为：“礼，履也。所以事神致福也。”[①]春秋战国时期，儒家从修己和治人两个方面赋予了“礼”新的含义。“礼”既是指个人在道德修养中所应践行的准则，也是指施政者在处理政事中所应遵循的规范。在儒家的社会交往观念中，作为君子，自然也应以礼约束自己的行为，使自己的行为举止能够符合礼的内涵。如孔子曾说：“君子博学于文，约之以礼。”[②]他认为作为道德表率的君子在广泛学习知识的同时，亦应以礼来规制自己的行为，通过自身的道德示范作用影响他人。荀子亦说，“积礼义而为君子”，将践行礼义作为君子应该具备的品质之一。秦汉以后，是否尊礼成为评判士人是不是君子的重要判准。“法”的含义相对固定，主要是指规制违反社会政治规范行为的法律、法令等。《说文解字》对“法”的解释为：“灋，刑也。平之如水，从水；廌，所以触不直者，去之，从廌去。”[③]从字义来看，“法”包含了平与直两层含义。平是指法律的执行贵在公平，执法者在执行法律时必须要做到至公至正；直是指法律在实施过程中必须贯彻正义原则，执法者必须根据事情的是非曲直而非个人的主观好恶来断案理狱。“法”只有兼具公平与正义的双重内涵，才

① 段玉裁：《说文解字注》，杭州：浙江古籍出版社，2007年版，第2页。
② 杨伯峻：《论语译注》，北京：中华书局，2006年版，第91页。
③ 段玉裁：《说文解字注》，杭州：浙江古籍出版社，2007年版，第470页。

能具有权威性，被社会成员所认同和接受。韩非子曾对法的内涵特征作过这样的概括："法不阿贵，绳不挠曲。法之所加，智者弗能辞，勇者弗敢争。刑过不避大臣，赏善不遗匹夫。"[①]在社会政治生活中，法律在实施方面应对社会成员具有相同的标准，任何人都不能因私利而损害法律的公平和正义。相较于"礼"而言，"法"主要是一种外在的、客观的社会政治规范。在中国的君子文化中，守"法"也是君子的重要品行之一。荀子说："人无法，则伥伥然；有法而无志其义，则渠渠然；依乎法而又深其类，然后温温然。"[②]法律具有对社会成员行为进行同一性规制的特点，其内在的意涵是通过外在的约束而使社会成员能够遵守社会的主流价值原则。"礼"与"法"的本质都是一种约束性的行为准则，在功能机制上，"礼"主要是通过一系列的礼仪规范唤醒人的内在道德感，使他们做出被社会所认同的行为；"法"主要是通过权威性的惩戒而使人们避免出现社会越轨行为。"礼"为"法"的执行奠定了道德基础，"法"为"礼"的实施提供了外在保障。所以，在中国传统文化中，"礼"与"法"二字常常被思想家连用而作为君子日常生活行为中所应遵守的行为规范，尊礼与守法也成为士人君子所应具备的传统美德。

第一节　讲秩序　明礼义

礼义主要是指礼法道义。在日常生活中，礼义发挥着调节人际关系、稳定社会秩序的作用。中国古代的士人君子非常重视培养自身的礼义修养，并将其作为待人接物的基础。如荀子曾说："先王之道，仁之隆也，比中而行之。曷谓中？曰：礼义是也。道者，非天之道，非地之道，人之所以道

① 王先慎：《韩非子集解》，北京：中华书局，2013年版，第38页。

② 王先谦：《荀子集解》，北京：中华书局，2012年版，第33页。

也，君子之所道也。”[①]礼义既是君子的立身之法，也是其处事之道。在日常生活中，作为君子，应该将礼义放在首位，自觉地遵守社会规范，坚持社会正义，不能做出有悖于道义的行为。《周易·大壮》载：“君子以非礼弗履。”[②]此处的礼即礼义的意思。礼义既是我们内心中的道德标准，也是我们良知观念的具现。古代哲人都非常注重通过修养来养成自己的礼义观念，并对礼义的外在品质作了较为丰富的阐发。如春秋时期的晏子说：“君子之大义，和调而不缘，溪盎而不苛，庄敬而不狡，和柔而不铨，刻廉而不刿，行精而不以明污，齐尚而不以遗罢，富贵不傲物，贫穷不易行。”[③]他认为，作为君子，应该将礼义放在首位，与人相处，应讲信修睦但不能毫无原则，事事明察而又有包容之心，举止庄重而没有奸猾之行，态度和顺而又有尺度，行为廉洁而又与人为善，品行纯善而不扬人之恶，不以富贵贫穷为念，而以坚持道义自处。墨子亦说道：“君子之道也，贫则见廉，富则见义。”[④]人生在世，自然有起有伏，有时居于顺境，有时处于逆境。对于君子来说，这些外在的变化都是对内心品行的一种磨练，贫穷之时应清廉自警，富贵之时当坚守道义。当然，这些品质并非一种刻意的追求和模仿，而是君子人格养成之后的自然流露。概括来说，在价值追求方面，君子应具有以下品质。

一、慎　独

就概念而言，慎独是指人在独处时，能够秉持礼义，不做出有悖于社会公序良俗、伦理道德的行为。慎独既是一种道德修养的功夫，也是一种社会伦理诉求。作为君子，在公共场合要发挥自身的道德示范作用，在独处之时，也要慎始慎微，坚定信念，使自己的内心不被外在的物欲所诱惑。

① 王先谦：《荀子集解》，北京：中华书局，2012年版，第121—122页。
② 周振甫：《周易译注》，北京：中华书局，2019年版，第139页。
③ 张纯一：《晏子春秋校注》，北京：中华书局，2017年版，第162—163页。
④ 《墨子·修身》。

《中庸》载：“莫见乎隐，莫显乎微，故君子慎其独也。”①古代的贤达之士都非常重视培养自身的慎独功夫，在无人之处，常常自警、自省，使自己的举止行为符合礼法道义。马克思指出，人兼具自然属性和社会属性，自然属性是社会属性的基础，而社会属性制约着自然属性。慎独正是通过个人意识的自我反省而遏制自身自然属性中的不当之念，培养社会属性中有利于个人和社会伦理关系的部分。

中国古代存在着大量鲜活的士人君子慎独的例子。如东汉时期，大儒杨震途经昌邑，恰好此处的地方官是他曾经举荐的王密。当得知杨震来昌邑后，为表被荐的恩情，王密在夜晚登门造访，以金十斤相送，并向杨震解释此举无人知晓，但收无妨。杨震却拒绝了王密，并说：“天知，神知，我知，子知。何谓无知！”②从这件事情可以看出，杨震非常注重自己的品行，即使在无人监督的情况下也能遵守儒家的礼法道义，以清正廉洁自律。越是在缺乏监督的地方，君子越应该砥砺自己的德性，磨炼自己的品质。正如孔子所说：“富而可求也，虽执鞭之士，吾亦为之。如不可求，从吾所好。”③在隐微之处注重自我品行的完善。

二、笃行道义，以义为先

礼义的本质是一套符合社会伦理规范的准则，在社会政治生活中发挥着三个方面的作用：一是调节人与人之间的关系，减少因利益分配问题所导致的社会冲突；二是规范人与群体之间的关系，增强社会共同体的凝聚力；三是规制人的社会越轨行为，使个人成员的行为能够符合群体的整体性利益。荀子曾对礼义的功用作了概括性的论述：“人生而有欲，欲而不得，则不能无求；求而无度量分界，则不能不争；争则乱，乱则穷。先王恶其乱也，故制礼义以分之，以养人之欲，给人之求。”④在他看来，人生

① 朱熹：《四书章句集注》，北京：中华书局，2011年版，第20页。
② 范晔：《后汉书》，北京：中华书局，2007年版，第516页。
③ 杨伯峻：《论语译注》，北京：中华书局，2006年版，第99页
④ 王先谦：《荀子集解》，北京：中华书局，2012年版，第337页。

来就会有各种欲求，如果缺乏节制，人们为了满足自己的欲求，就会产生社会冲突，造成社会秩序的动荡，而礼义正是贤者根据群体的整体利益而制定的带有节制性的社会伦理规范，在社会交往活动中发挥着利益关系调节，共同体构建以及群体行为规制的作用。礼义的核心重在“义”字，强调行为处事的正当性，用现在的话来说就是做事要符合“道义”。中国古代思想家对“义”的内涵进行了多维度的阐发。如孔子就将“义”作为君子所应践行的重要品德之一。他说道：“君子义以为质，礼以行之，孙以出之，信以成之，君子哉！”[①]在孔子看来，君子人格有四个方面的内涵：一是崇尚道义，二是奉行礼法，三是谦逊真诚，四是诚实有信。在这四个方面的内涵中，崇尚道义无疑属于君子人格的底色范畴。《淮南子》载：“义载乎宜之谓君子，宜遗乎义之谓小人。”[②]君子与小人的分别正在于前者以义作为自己行动的指南，而后者则见利而忘义。围绕如何笃行道义的问题，儒家形成了富有行为伦理色彩的义利之辨，主张君子应该时时以义自省，在处理自我与他者之间关系方面应该将义放在利先。在儒家的观念中，当君子心中有义时，则会按照义的标准来要求自己，无论是修身、齐家，还是治国、平天下，都会将自己的行为建立在义的基础上。如汉代的陆贾言：“君子笃于义而薄于利，敏于事而慎于言。”[③]与利相较，君子更应注重推行道义。扬雄言：“君子仕则欲行其义，居则欲彰其道。”[④]君子从事政治活动，其目的在于践行道义，实施教化。明清之际的启蒙思想家顾炎武更是从家国的角度对君子行义的目的和功用作了解释：“君子之为学也，非利己而已也，有明道淑人之心，有拨乱反正之事，知天下之势之何以流极而至于此，则思起而有以救之。”[⑤]君子中正刚毅，心怀天下，应以家国大义为念，而不应留心于自身之私利。当面对涉及义、利冲突的问题时，应以义

① 杨伯峻：《论语译注》，北京：中华书局，2006年版，第235页。

② 何宁：《淮南子集释·中》，北京：中华书局，1998年版，第745页。

③ 《新语·本行》。

④ 《法言·五百》。

⑤ 顾炎武：《顾亭林诗文集；诗律蒙告》，上海：上海古籍出版社，2012年版，第230页。

为重。由此可以看出，古代思想家在思考义利问题上都存在着相似之处。他们当中也涌现了大量舍利取义的例子。义是修身之基，也是处事之道，更是为政之则。正如清代思想家戴震所言："君子之治天下也，使人各得其情，各遂其欲，勿悖于道义。君子之自治也，情与欲，使一于道义。"[①]无论是从政管理政事，还是居家涵养自身道德，都需要将道义作为自身行为的指南。

三、立身弘毅，勇于担当

荀子曾说："君子崇人之德，扬人之美，非谄谀也；正义直指，举人之过，非毁疵也；言己之光美，拟于舜、禹，参于天地，非夸诞也；与时屈伸，柔从若蒲苇，非慑怯也；刚强猛毅，靡所不信，非骄暴也；以义变应，知当曲直故也。"[②]在儒家的话语体系中，这种责任担当意识被视为君子应具备的精神。曾子说："士不可以不弘毅，任重而道远。仁以为己任，不亦重乎？死而后已，不亦远乎？"[③]在他看来，作为士人君子，应该对家庭、社会乃至国家尽到自己应尽之责。社会是由个体组成的，个体的行为会影响社会整体的变化与发展。作为个体的社会成员具有责任担当意识，家庭方能和睦，社会才会和谐，国家才能富强。当然，这种责任担当意识并非生来就有的，需要通过政治社会化的方式对个体成员的思想进行塑型。政治社会化的渠道是多元的，家庭、学校、团体以及他者的影响等都可以塑造个体成员的认知思维。在这些渠道当中，他者的影响是最为直接的。作为个体，每个人都生活在社会关系当中，无时无刻不在受他者的影响。由他者组成的社会环境更是影响着个体的认知情感和认知评价。当作为他者的个体成员具有责任担当意识时，就会在无形之中树立起榜样，通过自身的行为影响他人。在中国文化中，君子被认为是责任意识的担当者和传播

① 戴震：《戴震全书（第七册）》，合肥：黄山书社，2010年版，第13页。
② 王先谦：《荀子集解》，北京：中华书局，2012年版，第41页。
③ 杨伯峻：《论语译注》，北京：中华书局，2006年版，第115页。

者：一方面，在个人的修养方面，君子应养浩然之正气，立身弘毅，勇于任事，敢于担当；另一方面，在社会的影响方面，君子更应发挥自身的榜样示范作用，影响周围的人，使他们形成努力拼搏、主动作为的思想。宋代理学家邵雍曾写过一首关于君子的诗歌，其内容是："何者为君子？君子固可修。是知君子途，使人从之游。与义不与利，记恩不记仇。扬善不扬恶，主喜不主忧。"[①]在社会交往中，君子通过社会网络，在完善自身责任担当意识的基础上影响他人，传递正能量，使个体成员能够以社会利益为重，乐于奉献，勇于担当。

作为社会的表率，大学生更应以新时代君子自期，树立共产主义的远大理想和社会主义的共同理想，肩负起主动奉献、造福社会的责任。习近平总书记强调："新时代中国青年要担当时代责任。时代呼唤担当，民族振兴是青年的责任。"[②]新时代的到来为大学生践行责任担当意识提供了宽广的平台。一方面，大学生要刻苦学习知识，练就过硬的专业技能本领，锻炼自身素质，在实践中做到知行合一，为以后承担社会责任打下坚实的基础。另一方面，大学生要心系人民、心系社会、心系国家，将人民的福祉、社会的发展和国家的富强与自身发展结合起来，树立以天下为己任的家国情怀和"民吾同胞、物吾与也"的宽阔心胸，敬天而爱人，仁民而爱物，努力发挥自身在社会中的表率作用。

第二节　守规则　遵礼仪

礼仪是指人们在相互交往过程中所形成的约定俗成的行为规范。社会成员遵守礼仪也就相当于遵守了被社会成员所认可的规则。中国文化特别

① 邵雍：《伊川击壤集》，北京：中华书局，2013年版，第200页。

② 习近平：《习近平谈治国理政》第三卷，北京：外文出版社，2020年版，第335页。

是儒家文化素来强调礼仪的重要性，认为士人君子应该践行以仁道为内在精神的礼仪观。春秋时期的孔子在进入太庙之后，就行为规范反复询问，目的就是使自身行为能够符合礼仪。概括来说，在礼仪的践行方面，君子所应具备的素质如下。

一、克己以自省

在个人层面，君子应该注重自己的行为举止，使自己的言行符合社会的主流价值观。如曾子曾说道："君子所贵乎道者三：动容貌，斯远暴慢矣；正颜色，斯近信矣；出辞气，斯远鄙倍矣。"[①]他认为君子在与人交往时应该注重自己的言谈举止，使别人有如沐春风之感。这既是践行礼仪的途径，也是尊重他人的表现。从外在表现来看，礼仪主要展现为温、良、恭、俭、让等行为。君子在日常生活中，应该以仁道为指向，不断地通过功夫修养来完善自身品德，并在实践中去落实。这样既可以提升自己的道德水准，也可以构建良好的社会关系。正如孔子所说："君子敬而无失，与人恭而有礼。四海之内，皆兄弟也。"[②]作为君子，平时应注意自我的仪表与行为，对人态度恭谦，合乎礼节，反之，如果个体成员骄傲自满，与别人交往时总是一副盛气凌人的态度，则必然会招致别人的不满，容易引发社会矛盾。《周易·系辞》中也记载了这样一段警言："君子居其室，出其言善，则千里之外应之，况其迩者乎？居其室，出其言不善，则千里之外违之，况其迩者乎？"[③]君子在日常生活中应该注重自身德性的培养，使自身言行能够符合以仁道为内在精神的礼仪。君子的言行不仅体现了自身的道德品质，也影响着周围的社会风气。符合礼仪的话语使人如沐春风，内心受到正面的激励；符合礼仪的行为更是为他人树立良好的榜样。

礼仪在人与人之间的交往中发挥着重要的作用，那么君子应该如何践

① 杨伯峻：《论语译注》，北京：中华书局，2006年版，第114页。
② 杨伯峻：《论语译注》，北京：中华书局，2006年版，第176页。
③《周易·系辞》。

行礼仪呢？围绕这一问题，古代思想家提出了许多富有启发性的思想。如孔子说道："居处恭，执事敬，与人忠。"[①]君子首先要持敬，心中含一敬字，才能在与人交往中做到彬彬有礼，获得别人的认同。敬有两重内涵：一是指发自内心地对他者所表现出的真诚；二是建立在这种真诚之心的基础上所展现的仪容。君子持敬，待人以礼，处事以诚，则也会获得别人的真诚相待，这是在践行礼仪方面的一个重要内容。荀子也曾说："君子之于礼，敬而安之；其于事也，径而不失；其于人也，寡怨宽裕而无阿。"[②]他认为，作为君子，对于作为社会规范的礼，应该秉承崇敬的态度去遵守，这是君子修身立本的重要原则，也是践行礼仪的主要表现。宋代的程颢也说："'敬以直内'，则'义以方外'。'义以为质'，则'礼以行之，孙以出之，信以成之'。"[③]他主张"敬"为君子立身之本，君子应以敬为念，以遵守礼仪作为自己日常行为的指南，待人以礼，行事以公，在人际交往时要坦诚相待，遇到问题时首先反省自身。由以上思想家的观点可以看出，持敬、守敬是践行礼仪的重要途径，其意涵主要有两个方面：一是在内在维度，君子应克己正心，时时自省，不断磨练自身的德性，提升自我的道德品质，这是持敬、守敬的原则，也是其功夫修养路径。二是在外在维度，君子应以敬自持，注重自身言行，以诚心待人。这两者统一于对礼仪的实践当中。

作为新时代君子，大学生树立和践行正确的礼仪观可以提升自身的素质，增强与别人沟通的能力，建立起良好的社会关系。在日常生活实践中，大学生要坚持正己的原则，奉行自省的精神，时刻注重自己的行为举止，遵守公序良俗，维护良好的社会风气。大学生正值青少年时期，应当具有朝气蓬勃、奋发向上的精神面貌，在与周围人相处时，要注意自己与他人交流的语言内容、沟通方式与体态仪表等。良好的个人形象行为是自身高

① 《论语·子路》。
② 《荀子·君道》。
③ 程颢、程颐：《二程集·上》，武汉：湖北人民出版社，2017年版，第97页。

素质的体现，在交流过程中能够潜移默化地感召他人，增进他人对自己的认同。当然，待人以礼、行为有仪不是单指礼貌待人，而是心中要有反躬自省的精神，在遇到问题时首先要思考是不是自己的行为存在着不足，有则改之，无则加勉。曾子说过："吾日三省吾身——为人谋而不忠乎？与朋友交而不信乎？传不习乎？"[①]同时，大学生也要抵制社会上的不良之风，引领良好的、积极的、奋发的社会风尚，通过自身的行为为别人树立一个良好的榜样。

二、求同而存异

孔子说："君子矜而不争，群而不党。"[②]矜而不争意指以庄重的态度对待别人，尊重别人的意见。群而不党则是指个人融入群体之中，要尊重彼此之间的差异性，看到自身与他者之间的相同之处。人处于社会关系之中，由于成长、工作的环境不同，每个人在看待问题时有不同的视角，这是正常存在的，也是避免不了的。对于这种情况，作为君子，要秉承包容的态度，求同而存异，以"和"作为处理事情的价值指引。古代先贤在处理人与人之间的关系时，也主张君子要有宽阔的心胸，能够以兼容并包的心态对待别人的意见和行为。这种态度并非一种随波逐流的乡愿精神，而是发自内心的对人性的尊重。庄子曾说："与人和者，谓之人乐；与天和者，谓之天乐。"[③]他认为"和"是处理人际关系的重要原则，只有形成和谐融洽的氛围，人才能在与他人交往中获得快乐。

大学生日常活动的空间主要是学校，朝夕相处的人群主要是同学和老师。对于同学，要学会求同存异，每个人由于成长环境的不同，对事物的看法也会或多或少有所不同。在日常交往中，我们既不能强迫别人认同自己的看法，也不能没有原则地附和别人。孔子曾言："君子和而不同，小人

① 杨伯峻：《论语译注》，北京：中华书局，2006年版，第4页。
② 杨伯峻：《论语译注》，北京：中华书局，2006年版，第236页。
③ 《庄子·天道》。

同而不和。”[①]此处的“和”字具有相和的含义，意指君子能尊重和容纳别人的意见，但并不盲从附和。在学校的学习和生活中，大学生应有宽广的胸怀，在求同存异的基础上尊重别人的行为选择。对于老师，要在互相尊重的基础上遵守教学礼仪，在课堂之上，要潜心向学，不能扰乱教学秩序，这既是对教师教书育人角色的尊重，也是对自己新时代大学生身份的认同。

三、礼让以待人

中华优秀传统文化在人际交往方面素有谦逊礼让的传统，主张君子“躬道德而敦慈爱，美教训而崇礼让”[②]。孟子言：“辞让之心，礼之端也。”[③]他认为，礼让精神来源于人的内心，在人际交往中能够奉行礼让精神是践行礼仪的重要内容之一，也是君子所应具备的重要素质。《礼记·礼运》也记载道：“是故圣人所以治人七情，修十义，讲信修睦，尚辞让，去争夺。”[④]在古代思想家的观念中，礼让是人与人相处的原则，也是维系社会关系的重要价值。人与人之间秉承谦逊的态度，互相礼让，可以有效地化解彼此之间的纠纷、摩擦，增进彼此之间的信任。荀子也将礼让视为人际交往中的基本原则，他强调：“遇友则修礼节辞让之义。”[⑤]作为社会的表率，君子更应在处事中奉行礼让精神，并通过自身的行为来带动周围礼让风气的形成。

作为社会关系中的个体，每个人都处于社会关系网络之中，不可避免地会在人际交往中遇到小摩擦。当事情发生后，对于大学生而言，应该首先控制自己的愤懑之情，以礼待人，以理服人，当过错在自己一方时，更要反躬自省，向对方表达自己的歉意。这样做不仅可以通过自身的谦逊行为来影响他者，还可以使矛盾得到及时化解。《周易·损卦》载：“君子以

---

① 杨伯峻：《论语译注》，北京：中华书局，2006年版，第200页。
② 彭铎：《潜夫论笺校正》，北京：中华书局，1985年版，第495页。
③ 《孟子·公孙丑》。
④ 《礼记·礼运》。
⑤ 《荀子·非十二子》。

惩忿窒欲。”[①]受外在环境的影响，人都会有情绪上的波动，有时在情绪波动下的行为会对周围的人产生一定的影响。作为君子，应该要控制和调节自己的情绪，约束自身的行为，使言行举止符合温、良、恭、俭、让等礼仪标准。礼让并非毫无原则地退让，而是在遵守礼仪的基础上，具有站在对方角度思考的精神，实施既有利于他者也有利于自身的谦让行为。生活的颜色并不是非黑即白，而是五彩斑斓，大学生在看待问题时也应秉持多元理解的态度，奉行礼让的精神。

四、守护公序良俗

群体中一般都有个体成员需要共同遵守的行为规范，这些行为规范构成了个体与他者进行交往的规则。公序良俗也属于这些行为规范的范畴。中华优秀传统文化非常重视个体对公序良俗的遵守和践行，将其视为君子所应具备的基本素质之一。如孔子就说道：“君子博学于文，约之以礼，亦可以弗畔矣夫。”[②]他认为，君子必须要以“礼”规范自身的行为，使自己的一言一行能够符合礼俗秩序。这既是遵守公序良俗的表现，也是维系公序良俗的重要路径。在日常生活中，君子对他人的行为发挥着导向的作用。《礼记·礼器》载：“君子之行礼也，不可不慎也；众之纪也，纪散而众乱。”[③]君子在平时的生活中，要时刻自省，注重自身的行为举止。如果作为社会表率众人榜样的君子遵守公序良俗，守护公共秩序，那么，他人在君子的道德感召和示范下，也会做出相应的行为。

君子应遵守并维护社会的公序良俗，并通过行为实践来影响周围的人，使整个社会能够形成良好的社会风气。公序良俗属于社会层面的文化传统礼仪。在长期的交往实践活动中，人们就如何处理自身与他者之间的关系形成了具有约束性质的做法，并通过一定的仪式不断强化社会成员对这种

① 周振甫：《周易译注》，北京：中华书局，2019年版，第164页。
② 《论语·雍也》。
③ 《礼记·礼器》。

做法的认同，故而在此基础上形成了相对稳定的带有规范性质的传统即公序良俗。作为文化传统礼仪的公序良俗发挥着稳定人心秩序和社会政治秩序的双重功能。《礼记·曲礼》称："道德仁义，非礼不成；教训正俗，非礼不备；分争辨讼，非礼不决。"[①]在中国社会治理传统中，公序良俗事实上就是以儒家礼仪观为主而构建的社会伦理规范。这套伦理规范强调社会成员在交往的过程中以儒家伦理观念作为行为准则。在这套行为准则的影响下，人与人之间的关系并非简单的利益关系，而是建立在道德情感基础上的伦理关系。当然，公序良俗并非靠外在的强制力来推行和维持，而是依靠社会成员对以儒家礼仪观为基础的社会伦理规范的主动敬畏和认可而存在。费孝通先生曾有一段描述公序良俗发生机制特点的文字："法律是从外限制人的，不守法所得到的罚是由特定的权力所加之于个人的。""道德是社会舆论所维持的，做了不道德的事，见不得人，那是不好；受人吐弃，是耻。礼则有甚于道德；如果失礼，不但不好，而且不对、不合、不成。"[②]可以说，公序良俗的实施指向正是礼治秩序，而君子则肩负着维护公序良俗，推动礼治秩序实施的责任。荀子说："夫行也者，行礼之谓也。礼也者，贵者敬焉，老者孝焉，长者弟焉，幼者慈焉，贱者惠焉。"[③]新时代大学生应该做公序良俗的守护者，既要有独善其身的道德修养功夫，也要有兼济天下的责任自觉意识。一方面，在日常生活中，应遵守社会上的公序良俗，注重自身的礼仪行为；另一方面，则应通过自己的实践为他人在遵守公序良俗方面树立一个榜样。

① 《礼记·曲礼》。
② 费孝通：《乡土中国》，北京：北京大学出版社，2012年版，第86页。
③ 王先谦：《荀子集解》，北京：中华书局，2012年版，第475页。

第三节　求法治　行正义

荀子说："好法而行，士也；笃志而体，君子也。"[①]作为君子，遵法、守法也是其所应具备的重要素质。在中国传统文化中，法主要是指由政府制定的规制和约束个体成员社会越轨行为的强制性规范。关于法的起源，中国古代有多种学说，如圣王创制说、习俗演化说、契约构建说等等。圣王创制说认为，在初民社会，由于人的欲望不断增强，而社会资源则相对有限，为了满足自己的欲望，个体成员围绕有限的社会资源展开了争夺，从而导致社会处于混乱的状态。为了解决这种矛盾，圣王开始创制法度，定分止争。荀子的观点颇具代表性，他认为："古者圣王以人之性恶，以为偏险而不正，悖乱而不治，是以为之起礼义，制法度，以矫饰人之情性而正之。"[②]与礼相比，法具有强制性、权威性和震慑性的特点。韩非子言："法者，编著之图籍，设之于官府，而布之于百姓者也。"[③]作为治世工具，法的功用主要有三个方面：一是规范社会个体成员的行为，使人们能够遵守共同的行为准则；二是通过对违法之人进行惩罚，使人们产生对法的敬畏之情，并形成对法的价值的认同；三是通过同一性的约束机制，构建起稳定的社会政治秩序。古代思想家有许多关于法治实施方面的思想阐述，如墨子说："天下从事者，不可以无法仪，无法仪而其事能成者无有也。"[④]荀子说："隆礼至法则国有常，尚贤使能则民知方。"[⑤]韩非子说："国无常

① 王先谦：《荀子集解》，北京：中华书局，2012年版，第33页。
② 王先谦：《荀子集解》，北京：中华书局，2012年版，第421页。
③ 王先慎：《韩非子集解》，北京：中华书局，2013年版，第378页。
④ 《墨子・法仪》。
⑤ 王先谦：《荀子集解》，北京：中华书局，2012年版，第234页。

强，无常弱。奉法者强则国强，奉法者弱则国弱。”[①]《吕氏春秋》一书中也有“胜理以治国则法立，法立则天下服矣”的记载[②]。大体来说，他们都认同法在国家治理和社会治理中所发挥的不可替代的作用。如果说德教主要是通过激发人们内在的道德心而使人们能够不去做危害他人和社会的事情，那么法治就是通过对人们的行为进行同一性约束而使其能够符合社会政治规范要求。德教和法治两者相辅相成，不可偏废。新时代，法治社会建设已经成为实现国家治理体系和治理能力现代化的重要组成部分。通过法治社会建设，构建人人知法、守法、用法的治理格局，培养人民群众对法治的信仰，可以为法治国家的建设奠定坚实的基础。党的二十大把法治国家的基本建成作为2035年基本实现社会主义现代化的重要目标之一。作为新时代的君子，大学生在吸收优秀传统法律文化的同时，也要自觉地学习法律知识，不断增强自身的法治观念，提升自身的法律素养，弘扬社会主义法治精神，用法律维护自身和他者的合法权益。具体来说，在实践中大学生要做到以下几点。

一、明法以正己

明法重在一个“明”字，即在理解法律实施目的和价值指向的基础上学习具体的法律知识。“公”是法律文化的内在精神，韩非子曾言：“私义行则乱，公义行则治。”[③]法律就是通过行为规制的方式来落实公正之义。明法就是要明法的公正之义，自觉地维护法律的公正性，并将此作为人生的重要价值信念之一。荀子曾说：“人无法，则伥伥然；有法而无志其义，则渠渠然；依乎法，而又深其类，然后温温然。”[④]他将通晓和践行法律视为君子所应具备的重要素质，认为君子一方面应该了解法的主要内容和内在运行精神，另一方面应该在符合法的内在精神的基础上严格遵守其规定，

① 王先慎：《韩非子集解》，北京：中华书局，2013年版，第31页。
② 许维遹：《吕氏春秋集释》，北京：中华书局，2016年版，第96页。
③ 《韩非子・饰邪》。
④ 《荀子・修身》。

防止自身出现违反礼法的行为。

中国古代涌现出许多奉法而公的例子，如汉代的张释之在担任廷尉期间，严格公正地执行法令。有一次，汉文帝外出途经中渭桥时，突然从桥下出来一个人，由于事发突然，惊扰了汉文帝车驾中的马，险些使汉文帝摔下受伤。汉文帝将此人抓捕之后就交给了张释之，意在重惩。结果张释之审讯之后，只是按律对此人处以罚金。汉文帝得知后非常恼火，向张释之指出，幸好自己车驾中的马性情温和，如果换成其他的马，自己必然会因此人的行为而受伤，并表达了对张释之行为的不满。张释之向汉文帝解释道："法者天子所与天下公共也。今法如此而更重之，是法不信于民也。且方其时，上使立诛之则已。今既下廷尉，廷尉，天下之平也，一倾而天下用法皆为轻重，民安所措其手足？"[①]张释之认为，作为一种强制性的规范，法的实施重在公正、公平，如果司法人员不是根据法的规定而是根据君主的意思随意更改，则法的公正、公平就会受到民众的质疑。自己作为廷尉，正是维护法的公正、公平的官员，理应根据法律的规定来判处案件。法贵其公，惟有以公立法，以公执法，才能维护社会的公平正义，保障社会成员的合法权益，故管子说："公法行而私曲止。"[②]

我国社会主义法律制度不同于以往的剥削阶级的法律制度，作为中国最广大人民群众意志的集中体现，社会主义法律具有鲜明的阶级性、人民性、科学性和先进性。阶级性是指我国社会主义法律既是工人阶级利益和意志的体现，也是中国最广大人民意志的体现，有着最为广泛的群众支持基础。人民性是指我国社会主义法律的重要目的是实现和维护人民群众的根本利益，保障人民群众在国家中的主体性地位。科学性是指我国社会主义法律是在马克思主义科学的世界观和方法论的基础上制定和实施的，顺应了社会历史发展的规律。先进性是指我国社会主义法律能够将法治、德治和自治相结合，且注重将符合社会主义核心价值观要求的道德规范转化

---

① 司马迁：《史记・四》，北京：中华书局，2011年版，第2406页。

② 《管子・五辅》。

为法律法规，切实有效地维护并保障了人民的合法权利。新时代大学生在学习法律知识时，要做社会主义法治理念的践行者，知行合一，培养自己的法律思维，增强自身的法律素质，在心中树立起维护法律权威，遵守法律规范，以法律维护人民根本利益的崇高理念。

二、守法以率人

中华优秀传统文化强调君子在培养自身德性的同时也要守法，即在日常生活中，应主动践行和维护法律，遵守社会中的各项法律规范。《中庸》载："君子动而世为天下道，行而世为天下法，言而世为天下则。"[①]汉代的陆贾也说："是以君子广思而博听，进退循法，动作合度。"[②]君子的言行对周围的人起着潜移默化的作用，作为社会的表率，君子依法而行，则会在群体中树立起遵守社会秩序的典范。人们也会以君子为榜样，自觉地向君子的行为靠齐。中国古代也有许多守法以率人的鲜活案例。再如战国时期鲁国宰相公仪休喜欢吃鱼，有一次，有人送鱼给他，但公仪休却没有收。他认为如果自己接受了此人所送之鱼，必然会接受请托而做出违法之事，于是果断拒绝。司马迁在《史记》中对他称赞道："奉法循理，无所变更，百官自正。"[③]公仪休不仅做到了守法如一，而且还通过自身的行为为他人树立了一个良好的榜样。在中国古代思想家的观念中，君子守法无私，处事公正，是推行法治的理想主体。一方面，他们公正廉洁，在日常生活中严以律己，遵守法律，通过自身的行为示范和道德感召发挥着化民成俗的作用。另一方面，他们一旦成为司法人员，在执法过程中不畏权贵，不循己私，能够严格地按照法律规定行事，这无疑增强了法律的权威性和社会成员对法律的认同。

新时代大学生作为社会的表率，应主动守法，自觉地践行法律的内在

① 朱熹：《四书章句集注》，北京：中华书局，2011年版，第38页。

② 《新语·思务》。

③ 司马迁：《史记·四》，北京：中华书局，2011年版，第2695页。

规范性要求。守法有两个方面的内涵，一是在外在行为方面，社会成员遵守国家制定的各项法律条文；二是在内心精神层面上，社会成员认同并以法律作为自己行为的指南。这两个方面的内涵都统一在社会成员的行为实践当中。大学生不仅要在外在行为方面带头遵守法律，成为社会成员中遵法守法的典范；也要从内心认同法律的权威性，树立起法律至上的行为观念，更要培养自己对法律的信仰，养成依法解决问题的习惯，努力使自己成为未来国家法治建设的参与者与实践者。

三、普法以助人

普法是法律能够落实和实施的重要条件，也是法治建设的重要内容。通过普法，社会成员可以了解与自身权益相关的法律知识，并运用法律解决日常生活中遇到的一些问题。同时，普法也提升了社会成员的法律素养，为法治社会的构建和推进奠定了基础。中国古代素有法律宣传的传统，如周代实施的“悬法象魏”，就是通过法律宣传而增进民众法律知识的一种重要形式。明代也在基层设立了“申明亭”，借此宣传朝廷的法律政令，以落实“明刑弼教”的治国理念。法律宣传在国家治理中发挥着重要作用，儒家认为，通过法律宣传可以使民众分辨是非，有助于礼治的实施，而君子则责无旁贷地担负起法律宣传的作用。一方面，君子应带头守法，严格遵守法律的规定，这种行为本身即是法律宣传的一种重要形式，可以通过榜样示范的作用引领和带动他人遵守法律。如宋代包拯在端州任职时，清正自守，廉洁奉公。端州素产名砚，每年供奉一定数量的砚台给朝廷。在包拯任职之前的地方官员，有的会额外征收远远超过朝廷规定数量的砚台，借以中饱私囊。包拯任职之后，即下令严格按照朝廷规定的数量征收。任期满后，包拯也没有徇私枉法带走一块砚台。他的这种严格守法、执法行为也影响了他人，为当时的社会注入了一股清正廉洁之风。另一方面，在力所能及的范围内，君子应使周围的人了解礼与法的精神，使他们的行为能够符合礼与法的规定内容。孔子曾说，“己欲立而立人，己欲达而达人”[1]，主张君子在处理社会关系方面要有推己及人的精神，在对法律的践行方面，君子也应如此，在了解和实践法律知识的同时，也应积极地向他人宣传相关法律内容。

新时代大学生在学习法律知识，遵守法律规范的同时，也要肩负起法律宣传的责任。当然，大学生普法有多种形式，自身遵守法律并通过行为影响周围的人本身就是一种法律的宣传行为。此外，大学生可以利用暑期社会实践活动的机会进入社区，通过法治宣传、案例讲解等形式向社区居民普及与日常生活息息相关的法律知识；在平时的日常生活中，也可以就具体的事情向周围的人宣传履行法律义务、依法办事的重要性。这样做一方面可以通过实践宣传的方式加深自己对法律知识的理解，另一方面也可以帮助别人用法律解决问题。

四、用法以立身

在古代思想家的观念中，君子理应是推行良法善治的主体，也是法治得到切实落实和实施的关键。法律虽然对社会成员具有同一性、规范性的约束，但由于社会问题层出不穷，社会矛盾表现复杂，法律在执行过程中有可能会遇到一些问题，而具备完善德性的君子则可以在法治过程中针对具体的问题进行思考，合理合情地解决社会矛盾和纠纷。荀子说：“法者，治之端也；君子者，法之原也。故有君子则法虽省，足以遍矣；无君子则法虽具，失先后之施，不能应事之变，足以乱矣。”[2]法律的实施归根到底是人在推动和执行，而人的主体状况影响着法律功能的发挥。法律在效用层面能否实现社会正义和法律实施者的道德水平和法律认知程度息息相关。商鞅说：“君臣释法任私，必乱。故立法明分，而不以私害法则治。”[3]当执法人员徇私枉法，将法律视为满足自己利益的工具时，则必然会使法律的

① 杨伯峻：《论语译注》，北京：中华书局，2006年版，第93页。
② 王先谦：《荀子集解》，北京：中华书局，2012年版，第226页。
③ 《商君书·修权》。

功能大打折扣。当执法人员心存公念，将法律视为解决社会治理问题的重要方式时，法律所含有的维护和保障社会公平、正义的功能就能够有效地发挥出来。

在平时，大学生要积极参加法律实践，如校园的法治宣传和法治建设等，在提升自身法治素养的基础上用法律知识解决自己遇到的问题。法律是权利和义务的统一体，包括了行使权利和遵守义务两个维度。就行使权利的维度而言，大学生自己在遇到社会纠纷时，要主动地拿起法律武器捍卫自身的权利。就遵守义务的维度而言，大学生在平时要维护法律的权威，自觉地接受法律对自身行为的约束，承担法律规定的义务。

思考题：

1.结合实际，谈一谈大学生如何提升自身的法治素养。

2.礼与法的含义是什么？古代思想家是如何思考两者之间关系的？

3.在日常学习生活中，大学生应当注意哪些礼仪？

延伸阅读：君子人格典范之五

法律的守护者——马锡五

马锡五（1899—1962），陕西保安（现志丹）县人，长期从事司法工作，曾任陕甘宁边区高等法院陇东分庭庭长、陕甘宁边区高等法院院长、最高人民法院西北分院院长、最高人民法院副院长等职务。他刚正不阿，廉洁自律，一身正气，在审判案件时坚持法治原则，注重证据和事实的调查和运用。在陕甘宁边区，他的审判方式深受人民群众的欢迎和认可，并被边区政府推广，被称为“马锡五审判方式”。

注重事实，主持正义　1943年3月，为了推进边区的司法工作，陕甘宁边区政府决定设立高等法院分庭，分庭庭长由当地的分区专员兼任。马锡五是陇东分区专员，故兼任了边区高等法院陇东分庭的庭长。在任职期间，他在贯彻群众路线的基础上注重案件事实的调查，解决了一些冤案、错案，将违法犯罪者绳之以法，维护了当地人民群众的合法权益。其中，华池县封捧儿的婚姻上诉案即是马锡五审判工作中的一个典型案例。

封捧儿是华池县的女青年，在她幼年时期，父亲封彦贵便与当地张金才有约，待女儿长大后即嫁与张金才之子张柏。1942年，封捧儿与张柏见面后，双方都愿意结为连理。但是，为了通过女儿的婚姻获取较多的彩礼，封彦贵与张家退了婚，将女儿许给了当地大户人家朱寿昌。张家得知后，联合自己的亲朋好友到封家将封捧儿抢回与张柏成亲。封捧儿之父封彦贵恼怒之下将张家抢婚之事上告到了县司法处。当时的审判员并没有对此案件进行实地调查，而是根据案件的表象判处封捧儿和张柏的婚姻无效，并对抢婚者进行了惩处。审判之后，封捧儿对判决不服。恰逢马锡五来华池县进行司法巡视工作，封捧儿便找到马锡五。为了弄清楚案件的实际情况，一方面，马锡五了解了封捧儿的婚姻态度，知道她不愿意嫁给朱寿昌而愿意嫁给张柏；另一方面，他又深入基层调查研究，多方向群众了解情况。在掌握第一手情况后，为了审理的公正性，马锡五采用了召开公开审判大会的方式审判。他以法律为准绳，以事实为依据，判决封捧儿与张柏的婚姻有效，张家抢亲违反了社会治安管理规定，张金才处以短期徒刑，其他参与抢亲的人给予批评警示。封彦贵的行为违反了婚姻法令，判处劳役。马锡五的做法合法、合情、合理，令当事人信服。

心系人民，秉公执法　1946年4月，马锡五当选为陕甘宁边区高等法院院长，负责全边区的司法工作。在任职期间，他坚持党的群众路线，廉洁奉公，以身作则，经常深入群众，了解一些案件的情况。有一次他在延安县司法处时，秉公执法，解决了当时困扰司法工作人员的杨兆云控告区乡干部多收取公粮的案件。事情的原委是这样的：在公粮征收中，杨兆云没有及时上交公粮，乡干部经过多次催促之后，便上报区政府，指出杨兆云的不交公粮行为影响到了公粮入仓，并派民兵去杨家强制征缴。此时，杨兆云让儿子将二斗麦子送到了粮库，并打了收条作为凭证。而乡干部指挥民兵从杨家又征收了一石多的麦子，算上杨兆云儿子上交的二斗麦子，乡里实际上多收了一斗多。杨兆云就此事向区、县控告后没有得到妥善解决，便向司法机关起诉。对此，马锡五走访了当地群众，深入了解了情况，发现区乡干部的做法确实违背了当时的征粮法令，且没有贯彻党的群众路线。针对这一问题，他召开了区乡干部会议，对区乡干部的行为进行了批评，并让区乡干部主动向杨兆云道歉，归还多收的公粮，最终解决了这一案件。由此可以看出，马锡五坚持一切为了群众，一切依靠群众，从群众中来，到群众中去的群众路线，在司法工作中能够心系人民，以人民群众的利益作为工作的出发点和落脚点，秉公执法，维护社会的公平和正义[①]。

1962年4月10日，马锡五逝世，董必武作了《锡五同志千古》的悼词，对马锡五的司法工作做了总结和称颂。

昨日惊闻噩耗传，法曹顿失一英贤。
民刑案理三千卷，风雨舟同十二年。
未即病床谈片语，只瞻遗体痛长眠。
边区惠爱人思念，道马青天不置焉。

谢觉哉也在诗中对马锡五的道德品格和工作成绩做了评价：

你是从群众泥土里长出的一棵树，
群众泥土是你智慧的源泉。
你做司法工作：不为陈规束缚，
不为形式纠缠。
能深入、能显出；
既细致、又自然，

① 中国中共党史人物研究会：《中共党史人物传·第30卷》，北京：中国人民大学出版社，2017年版，第208页。

人民叫你马青天。

青天——没有尘埃和云翳的天，

见理明、方法对、党性坚[①]。

可以说，马锡五就是君子的代表，他用一生的行为诠释了共产党人应如何一心一意为人民谋福祉，也为大学生在尊礼守法方面树立了典范。

① 引自谢觉哉日记（1962年4月10日）。

第六章　家国情怀

家国情怀是中华儿女与生俱来的一种优异品质，也是新时代君子人格的基本特征。中国人崇尚的家国情怀，是在传统“家国一体”观念基础上形成的，以热爱祖国为核心内容，将追求“天下大同”作为终极目标的心理情感和民族精神。当代大学生养成新时代的君子人格，不但需要继承和发扬这种“中国人历来抱有家国情怀”[①]，而且要赋予其新的时代内涵，将家国情怀与人类关怀紧密融合，为国家、为民族、为人类做出更大贡献。

第一节　家国一体

在中国人思维方式中，不但“国家”一词是由“国”和“家”两个具有独立含义的字组合而成，而且国家观念也内在地包含了地域政治和血缘家族两层意蕴。中国人的这种国家观念与西方人有着较为明显的区别。在英语语境中，无论是指称自然与人文风情的country（国土），涵盖法律与政治制度的state（国制），抑或强调文化及政治共同体的nation（国族），它们主要指的是“国”，而没有“家”的涵义，甚至可以说“国与家是截然二分

① 习近平：《在全国抗击新冠肺炎疫情表彰大会上的讲话》，《求是》，2020年第20期。

的两大领域”①。中国人之所以具有迥异于西方人的国家观念，根本原因在于中国历史上形成了一种特殊的“家国一体”观念。

一、“家国一体”的政治实践

随着商朝末年“武王伐纣”的成功，原本偏居于渭河流域的周人拥有了东部土地，开始统治北达辽东，西至甘肃，南抵长江，东临山东半岛的辽阔疆域。但受当时经济、交通、通信等各种条件的限制，如何有效统治如此广大疆域成为周朝统治者面临的难题。为了解决这一难题，周武王建立了以宗法制、分封制和等级制组合而成的国家统治结构。

宗法制是产生于我国原始社会末期，以父权宗族或家族集团为依托，用以调整血缘亲属关系，维护上下等级和人与人之间秩序的制度体系。宗法制的基本原则是以宗族中的嫡长子为大宗，世袭继承，居于宗族的支配地位，其他庶子为小宗，处于大宗的从属地位；大宗以下各级宗族，以此类推，均采用这种制度，世袭继承。因此，宗法制实质上是以嫡长子继承制为基础的一种宗族内部等级服从制度。

周武王在宗法制原则下实施了分封制。周天子作为受命于天的“天之元子”，是天下所有同姓宗族的大宗，居于至高无上的绝对支配地位。其王位由嫡长子世袭继承，其他庶子、姻亲、功臣等作为小宗分封为各地诸侯。各地诸侯在各自封国内又是同姓宗族的大宗，其王位也有嫡长子世袭继承，其余庶子作为小宗分封为卿大夫。卿大夫在自己封地里又是同姓宗族的大宗，其爵位由嫡长子世袭继承，其余庶子作为小宗分封为士。

在宗法制和分封制的基础上，周朝形成了由天子、诸侯、卿大夫、士等各级宗主及其成员构成的金字塔式等级制结构。从血缘宗族层面上说，各个等级之间是大小宗关系，而从国家统治层面上看，各个等级之间又是上下级关系。在不同等级之间，不仅各自在拥有的武装、财产、衣食住行

① 许纪霖：《家国天下：现代中国的个人、国家与世界认同》，上海：上海人民出版社，2017年版，第2页。

上有严格规定，不能逾越，而且下级要无条件服从上级，并有义务尽其纳贡、服役等责任。这套等级制度也被称为“周礼”。

伴随着宗法制、分封制和等级制的建立，对于周朝统治者而言，分封到各地的诸侯不仅扩展了其家族体系，而且构成了以周天子为金字塔顶端、自上而下的统治体系，由此周朝形成了“家国一体”政治制度，能够有效地统治东方广阔国土。

二、“家国一体”的道德内涵

到春秋战国时期，西周建立的“家国一体”制度逐渐解体。但先秦儒家依旧希望延续和恢复这一制度，孔子提倡“克己复礼”中的“复礼”就是恢复周朝礼制，不过孔子也意识到时代已经发生了巨变，“周礼”必然要因时而“损益”。他的具体做法就是赋予“周礼”以“德治”新内涵。孔子说：“为政以德，譬如北辰，居其所而众星共之。”[①]“道之以政，齐之以刑，民免而无耻；道之以德，齐之以礼，有耻且格。”[②]统治者不能单纯使用刑罚来强迫民众服从统治，而是自身要有高尚的道德品质，并且依据它来统治国家，影响民众，这样既可以使民众心悦诚服地遵守国家制度，又能够收获民心。孟子进一步发展了这种德治学说，提出了“仁人无敌于天下”[③]“得道者多助，失道者寡助”[④]“民为贵，社稷次之，君为轻”[⑤]等影响中国两千年且至今仍深入人心的德治学说。

虽然孔孟大力倡导“以德治国”，认为德治可以获得统治国家和道德教化的双重效果，但是他们重在阐述德治的原则性问题，较少关注统治者个人高尚道德品质影响统治的原因、方式、途径等具体问题。对这些问题的回答出自儒家核心经典《大学》中的“修齐治平”之道：“古之欲明明德于

① 《论语·为政》。
② 《论语·为政》。
③ 《孟子·尽心下》。
④ 《孟子·公孙丑下》。
⑤ 《孟子·尽心下》。

天下者，先治其国；欲治其国者，先齐其家；欲齐其家者，先修其身。”

首先，个人、家、国、天下是系列关系，个体道德修养是整个系列的起点和中心环节。个体是系列之始，个体通过道德修养就可以顺次实现齐家、治国的目的，并最终达到平天下的高度。《大学》还有“八条目”说法：平天下、治国、齐家、修身、正心、诚意、致知、格物。在这八条中，“正心、诚意、致知、格物”是修身的具体方法，而修身又是“平天下、治国、齐家”的起点。可见，修身是个体道德修养和国家政治统治的中介，起着桥梁枢纽作用。

其次，修身和齐家、治国、平天下有内在统一性，治国是治家的扩大，平天下是治国的极致，它们都统一于一个道德原则——“孝”。孝包含内容和形式双重意蕴：从内容上说，“孝”要求在血缘家族内部无条件地服从长辈意志；从形式上说，“孝”还必须坚持一整套祭仪和宗法礼制。《大学》中说：“君子不出家，而成教于国。孝者，所以事君也；弟者，所以事长也；慈者，所以使众也。”孝是维护家族内部关系的道德规范，而家又是国的细胞，可以转化为国。因此孝既是修身的基本原则，又可以演化为个体、家、国、天下整个系列的精神中枢。

《大学》“修齐治平”之道就是把国家和政治问题归结为个人的道德修养：“一家仁，一国兴仁；一家让，一国兴让；一人贪戾，一国作乱，其机如此。此谓一言偾事，一人定国。”政治是个人品质的扩大，政治过程是由己及人的过程。当然，从理论来源上看，《大学》“修齐治平”之道是西周时期“家国同构”制度的延续，家是缩小的国，国是扩大的家，对统治者而言，对内治家与对外治国是一体两面的统一整体。然而这并不意味着《大学》“修齐治平”之道完全等同于西周时期“家国同构”制度。事实上，“修齐治平”最大贡献在于弱化甚至取消了西周“家国同构”中下级无条件服从上级的原则，使原本要求绝对服从的“家国同构”转化为对统治者提出了严格道德要求的“修齐治平”，从而赋予“家国一体”观念新的道德内涵，体现了儒家的思想特质。

三、“家国一体”的观念强化

汉朝建立以后，中国传统政治体制发生了根本转变，专制君主取代了周天子“天下共主”，地方官员由血缘分封制转变为任命的郡县制，但这并不意味着“家国一体”从此退出历史舞台，汉朝皇帝们为了加强君主专制而不断通过新途径强化着“家国一体”观念。董仲舒提出的“大一统”和“三纲五常”是最具成效的努力。

“大一统”最早出自先秦典籍《公羊传》中的“何言乎王正月？大一统也”，其本意是指包括历法在内的社会政治事务都要归依于最高存在。虽然“大一统”原意中包含有自上而下归于一统的含义，但显然不是以最高权力为中心来进行政治领域的集中统一。在中国历史上，董仲舒首次用“大一统”来论证君主专制的必要性。他说：“唯天子受命于天，天下受命于天子，一国则受命于君。”[①]世界上存在着自上而下三个层次：天、天子、国人。天是具有宗教神灵色彩的最高存在，它决定世界上的万事万物，但无法直接实施统治和管理；天子就是皇帝，他受命于天统治世间万物；国人是指天子以外的所有人，包括各诸侯王、各级官员和普通百姓，他们都要听命于皇帝，服从皇帝命令，因为皇帝受命于天，顺从皇帝命令就是顺从天命。这样，“大一统”就成为了论证君主专制与集权必要性的理论学说。

尽管“大一统”要求所有人无条件地服从君主统治，但董仲舒意识到人是非常复杂的社会存在，上有卿相大夫、诸侯国王，中有各级官员，下有平民百姓，平民百姓又有父子、夫妻兄弟、朋友诸种复杂关系，要使处在如此复杂社会关系中的人们都无条件地服从君主统治，仅仅依靠宗教神灵权威是不够的，还需要现实社会伦理规范来保证人们自愿服从统治。为此，他提出了以“三纲五常”为基本内容的伦理政治学说。所谓“三纲”即“君为臣纲、父为子纲、夫为妻纲”这三种处理主要社会关系的道德标

① 董仲舒：《春秋繁露·玉杯》，张世亮、钟肇鹏、周桂钿译注，北京：中华书局，2012年版，第400-401页。

准；所谓“五常”就是仁、义、礼、智、信等五种儒家一贯主张的道德品质。在“三纲五常”中，又以处理君臣、父子、夫妇三种基本社会关系的“三纲”最为重要。“父为子纲”和“夫为妻纲”保证家族内部上对下的绝对支配地位，强化了与传统自给自足家庭小农经济相适应的宗法伦常关系。而在国家政治生活中的君臣关系又是家族伦常关系的扩大，国是大“家”，家庭是小“家”，其中的上下尊卑关系是相同的。这样，董仲舒就把人伦规范变成了为专制统治服务的等级学说，成为君（政）权、父（族）权、夫权的辩护者和有力维护者。

如果说董仲舒的“大一统”是为了实现政治结构上国家集中统一，保障君主专制有效实施，那么“三纲五常”则侧重于构建起维护君主专制意识形态，为君主专制统治提供理论依据。汉朝“大一统”和“三纲五常”并非各自独立存在，而是以“一体化”相互依存，政治结构为意识形态提供国家制度硬实力的支持，意识形态为政治结构提供理论软实力的论证，二者相互沟通，使中国传统君主专制具备了“超稳定结构”，中国封建社会的宗法一体化“在两千年中保持了巨大的稳定性”。[①]由此可见，与西周相比，汉朝时生产方式、政治结构等社会基本问题已经发生了根本变换，但“家国一体”却延续下来，并不断得以强化。

四、“家国一体”的文化基因

宋明理学兴起是唐宋以后中国传统学术思想的一个重大转变。唐宋至明清数百年间，理学不但赋予传统儒学以新的思想内容，广泛深入地塑造了中国传统文化的价值观念，而且传统知识分子不断地阐释和传播理学思想，影响到了中国传统文化的基本走向。“家国一体”观念就是通过宋明理学家们的努力，突破了汉朝以来政治话语体系的束缚，被中国传统社会普遍接受，成为了中国文化的独特基因。

① 金观涛、刘青峰：《兴盛与危机：论中国社会超稳定结构》，北京：法律出版社，2011年版，第219页。

在宋明理学中，以理学思想阐释传统“家国一体”首推张载在《西铭》中提出的“大家说”。《西铭》中写道：“乾称父，坤称母；予兹藐焉，乃混然中处。故天地之塞，吾其体；天地之帅，吾其性。民吾同胞；物吾与也。大君者，吾父母宗子；其大臣，宗子之家相也。尊高年，所以长其长；慈孤弱，所以幼吾幼；圣其合德；贤其秀也。凡天下疲癃残疾、惸独鳏寡，皆吾兄弟之颠连而无告者也。于时保之，子之翼也；乐且不忧，纯乎孝者也。”[①]如果把天地比作一个大家庭，天地就是我们的父母，天地间所有人都是这个大家庭中的一份子。“小家”中有家长和管家，“大家”中就有皇帝和大臣；在“小家”中要尊敬长者，爱护幼儿，在“大家”中，我们同样要尊长爱幼；在“小家”中有生活困苦的兄弟，在“大家”中，我们就要关心和爱护弱势群体。因此，国家问题可以被看成是家庭关系，君臣应当像家长爱护家庭成员那样真正地爱护天下百姓，君民关系就协调，国家政治就会日新。虽然张载的“大家说”依旧是在用家庭来类比国家，但相对于“三纲五常”而言，它已经完全没有了等级秩序，取而代之的是基于人的自然情感而提出的“天下一家”观念。

明末清初著名学者顾炎武提出的“天下兴亡，匹夫有责”理念，最终将“家国一体”转化为所有中国人的坚强信念以及历史责任感，成为激励中华儿女为国家和民族命运而不断奋进的精神动力。顾炎武在《日知录》中说：“知保天下，然后知保国家。保国者，其君其臣肉食者谋之；保天下者，匹夫之贱与有责焉耳矣。”[②]顾炎武认为，“国”与“天下”是两个不同的概念：“国”是指中国历史上各个王朝，“保国”就是维护王朝统治，这是君臣为代表的统治者的责任；“天下”是指绵延不绝的中国文化传统，“保天下”就是培养和保持中国人道德本性，维护中华文化的精神价值，这是天下匹夫的责任。这一说法彻底突破了数千年来从国家政治层面阐释

① 张载：《张载集》，章锡琛点校，北京：中华书局，1978年版，第62页。

② 顾炎武：《顾炎武全集·日知录（一）》，严文儒、戴扬本校点，上海：上海古籍出版社，2012年版，第527页。

“家国一体”的一贯做法，从历史传统、文化精神层面揭示出“家国一体”的深层根源，指出天下兴亡不只是王侯将相的责任，也是包括最基层百姓在内天下所有人都应当承担起的维护中华传统、赓续中华文化重任。

综上可知，“家国一体”之所以能够成为中国传统国家观念的核心内容，根本原因在于它是中国历史数千年持续传承演变的结果。从西周宗法血缘统治制度，到先秦儒家“修齐治平”，再到汉朝“三纲五常”，最终在明清时演变为“天下兴亡，匹夫有责”的历史文化担当精神。“周虽旧邦，其命维新”[①]，“家国一体”也是如此。历经三千年时光流转，变化了的是“家国一体”的内容和形式，不变的是它一直承载着中国人对国家最根本最深沉的情感。

第二节　爱国情怀

爱国，人们通常引用列宁说的一句话加以定义，爱国是“由于千百年来各自的祖国彼此隔离而形成的一种极其深厚的感情”[②]。究其本义来说，列宁这句话虽然不是对爱国作出的完整和权威的定义，但它揭示出爱国最基本的内涵，即爱国是人的主观心理感受，是人们对祖国的深厚感情。

一、爱国情怀的心理需求

现代学术研究表明，爱国情怀的产生有着深厚基础和独特根源，它深深根植于人的内在心理需求的土壤之中，由个人情感和群体意识两部分组成。

从个人情感上说，爱国情怀产生于个体安全和归属的心理需要。美国

① 《诗经·大雅·文王》。

② 《列宁全集》第三十五卷，北京：人民出版社，1985年第2版，第187页。

心理学家马斯洛在需求层次论中指出，人的需要逐次经历生理、安全、归属、尊重和自我实现的满足过程。在这些需要中，安全和归属是一种核心需要。每个人都渴望与亲人、同事、群体、社会建立一种深情联系，渴望人际友爱、环境安定、政治民主、国家繁荣。一个和平、安定、民主、繁荣的社会和国家，常常使它的成员具有安全感和归属感。同时由于每个人都归属于特定的民族和国家，往往把祖国视为自己安身立命之所在，因此，爱国情怀本质上是一种社会性道德情感，是个体对民族、对国家情感上的认同和归属。诗人艾青曾经写道："为什么我的眼里常含泪水？因为我对这土地爱得深沉。"祖国是生养我们的大地，更是我们生命的根须。任何民族、任何个人，失去了根须，就没有了归属，也就无法把握自己的命运。每一个生于斯、长于斯的华夏子孙，都会对脚下这片土地充满着深厚的感情。当然，人的安全和归属感并不会仅仅止步于恋乡恋国的内心情感，随着国家和民族的发展，人们会将生活环境与国家民族紧密联系在一起，形成稳定的爱国情怀。概括地说，这种个体爱国情怀主要体现为：热爱祖国河山、人民、文化、历史等深厚感情；内心拥有的民族自豪感、自信心、自尊心等心理情感；关心祖国前途命运，把个人命运同祖国命运紧密联系的历史责任感；以天下为己任，为祖国发展和未来无私奉献的精神；等等。

从群体意识上说，爱国情怀产生是个人情感由低级向高级发展的过程。从广义上说，爱国是人的一种抽象的心理活动，但由于爱国对象是具体的民族和国家，因此这种情怀产生又与国家演变和民族形成过程紧密联系。在原始社会，氏族部落是人们生活的基本单位，人们的一切活动包括感受和情感都"尚未脱掉同其他人的自然血缘联系的脐带"①，因此成员本能地将自己与群体的命运联系在一起，产出对生活于其中的部落群体本能的爱。随着国家的产生，这种对部落群体的爱就演变为对国家的认同感、归属感和自豪感，升华为对祖国真挚而深厚的感情。这种爱国意识和情感经过岁

① 《马克思恩格斯全集》第四十四卷，北京：人民出版社，2001年版，第97页。

月的积淀、凝聚，世代相传，形成同一国家人民共同的群体性意识。由于国家的建立需要以民族为基础，而民族的生存和发展也需要国家政权来保障，爱国家和爱民族这两种群体意识往往紧密交织在一起。中国古代政权基本上都具有多民族性质，因此从历史发展的宏观视野看，热爱中华民族，维护中华民族的团结和统一，促进中华民族的发展和繁荣，历来是中国爱国情怀的基本特征，也是中华民族共有的群体意识。

在近代中华民族救亡图存过程中，历史上形成的全民族共同爱国的情感得到了充分发展。近代以来，西方列强一次又一次入侵使中华民族面临前所未有的生存危机，外部压力不仅激发起全民族共同的爱国感情，而且使爱国感情得以转化成奋发图强的爱国行动。例如，1925年著名诗人闻一多创作的《七子之歌》，借用母亲呼唤离散孤儿的真挚感情，唤起无数中国人心中的爱国情怀，鼓舞着中国人投身到抵御外侮、反对西方列强入侵的救亡图存运动中。在这个过程中，每一位中国人都深切感受到国家的兴衰荣辱与个人的利益息息相关，祖国的生存发展、繁荣富强被每一位中华儿女视为自己的责任、义务和神圣使命。由此，中华民族的群体意识、民族感情和民族精神发展到新的高度。

二、爱国情怀的价值取向

在人的一生中，总是要面对各种各样的选择，既有人生目的、人生道路、人生理想这些抽象选择，也有付出与收获、生与死、爱与恨这些现实选择。无论承认与否，我们总是有意无意地在一定标准下做出选择，而这些标准与我们对人生价值的看法密切相关。所谓人生价值，一般认为是人的生命及其实践活动对于生活和个人所具有的作用和意义。虽然从内容上说，人生价值可以分为自我价值和社会价值两种：满足自身物质和精神需要的自我价值与个体对他人和社会做出贡献的社会价值，但在现实生活中，两者往往互相依存，互相影响。

爱国是人们处理个人与国家关系时，在一定标准指引下做出的观念和行为上的选择，因此它本质上也是一种人生价值，具有个人和社会双重属性。中国历史上无数至今仍被称颂的爱国典型人物和事迹，如在“路漫漫其修远兮，吾将上下而求索”中执着追求国家利益的屈原，“十年持汉节，白雁上林飞，空传一书札”却不忘国家使命的苏武，以“先天下之忧而忧，后天下之乐而乐”之情推动变法改革的范仲淹，为变法图强而甘愿以生命唤醒国人的谭嗣同，近现代无数为国家民族前途命运奋斗牺牲的革命志士。当我们回顾他们的爱国事迹时，可以发现爱国一方面是他们为了满足自身精神需要和人生价值而做出的选择，另一方面也具有满足他人需要的社会价值属性。如果我们追问是什么成就了这些人可歌可泣的爱国行为，显然是中华民族历史上形成的爱国传统。因此，在人生价值的选择中，爱国既是人生的自我价值，也具有社会价值属性，是二者的有效融合。

价值观决定了人生的方向，爱国价值取向是一种崇高价值观，将爱国作为人生价值取向必然使人生焕发灿烂的色彩。价值观是人们对于价值的根本观点，为人民在社会生活中做出善恶、祸福、荣辱、利害选择时提供基本准则，对人生观的形成和发展有重要引导作用。一个人确立什么样的价值观，直接影响着他对人生目的和人生态度的思考，左右着他的人生发展方向。一个热爱祖国的人，往往有着明确目标和崇高理想，把热爱国家、保卫国家、建设国家、富强国家和为人民服务等等作为评价人生价值的标准。这一标准不但是一种主观精神，体现我们每个人对祖国的热爱，而且必然会产生坚定而执着的行为，对祖国爱越深，人生目标就越明确，爱国行为就越坚定。

归根到底，爱国情怀就是基于对国家民族的爱而产生对祖国富强、人民幸福的坚定主张和赤诚追求，从而自觉自愿为祖国和人民服务奉献人生。对祖国和人民爱得越深，其贡献就越大，人生价值也就随之提升，社会评价也会越高。中国历史上至今为人称颂的许多伟大人物，人们之所以称他们“伟大”，根本原因是他们都有着极为强烈的爱国情怀，关心祖国的前途命运，为祖国殚精竭虑、坚持不懈、无私无畏地奉献全部力量。无数事实告诉我们，爱国主义价值观是成就人生价值的动力源泉和永恒追求。

三、爱国情怀的核心要素

马克思说过："人们的想象、思维、精神交往在这里还是人们物质行动的直接产物。表现在某一民族的政治、法律、道德、宗教、形而上学等的语言中的精神生产也是这样。"[①]每个民族在其发展历程中，都要普遍地从事物质生产、政治活动、文化创作等实践活动。在这些实践活动中，一个民族的所有成员在其意识和行为中表现出来较为一致的精神风貌或精神状态，并在民族延续发展过程中不断得以丰富和发展，最终形成维护民族生存与发展的精神价值系统，这就形成了民族精神。与其他民族的民族精神相比，中华民族精神除了具有与它们大体相同的生成机制、构成要素、特征作用等内容之外，还由于中华民族特殊的历史命运，形成了区别于其他民族的精神风貌和精神特征，形成了中华民族复杂而独特的民族精神。在中华民族精神的众多组成部分中，爱国情怀是中华民族精神的核心构成要素。

首先，从产生上看，爱国情怀是我国"家国一体"观念的自然延伸。上文提到，"家国一体"在我国有着悠久的历史，从西周初年的国家体制到汉朝的价值观念，从先秦儒家的"修齐治平"到明清时期的"天下兴亡，匹夫有责"，它经历了从国家结构到意识形态，再到文化传统的多次嬗变。在这个过程中，中华民族一直强调个体对群体的忠诚，形成了公忠体国的价值导向，主张把个人、家族、国家三者的命运紧密联系起来的爱国情怀。

其次，从内容上看，爱国情怀是贯穿于中华民族精神其他内容的一条主线。民族精神是一个民族在社会实践中形成的精神风貌或精神状态。社会实践是由生产、政治、文化等多种活动组成，因此民族精神也必然包括多种组成部分。然而每个民族所进行的社会实践无论多么复杂和特殊，都

① 《马克思恩格斯文集》第一卷，北京：人民出版社，2009年版，第524页。

具有一个共同目标，即维系本民族的独立生存和促进本民族的繁荣发展。因此，爱国情怀实际上是由社会实践决定的，是制约和影响民族生存发展的重要因素，也就自然地成为影响民族精神其他组成部分的关键内容。在一定程度上说，爱国是贯穿民族精神基本内容的一条主线，民族精神的其他内容都必须服从并服务于它。

最后，从作用上看，爱国情怀是保证中华民族团结发展的精神纽带。中华民族的爱国情怀有着悠久的历史传统。秦汉以来，“统一的多民族中国形成与确立；各民族共同祖国观念的形成”。[①]经过两千多年的发展，中华民族的爱国精神已经超越了爱乡恋土的狭隘层次，升华到一种对统一的多民族国家的爱。因此，每当国家和民族陷入危难时，那种以中华民族的兴盛为己任的高度责任感，那种为中华民族利益不惜牺牲个人的崇高精神，那种中华儿女所具有的民族气节和民族自尊，一次次使我们摆脱危亡，重新走上民族振兴、国家发展的光明大道。正因为如此，习近平在阐述中国梦的实现途径时指出，“爱国主义始终是把中华民族坚强团结在一起的精神力量”[②]，实现中华民族伟大复兴中国梦，必须弘扬以爱国主义为核心的中国精神。

爱国的表现形式是多样的，可以是人们发自内心的真挚情感，可以是为了国家民族命运牺牲自我的实际行动，可以是让人们心生崇敬之情的文物古迹，可以是让人久久传颂的文学作品。但无论如何，爱国首先是一种高尚的情怀。它产生于人追求安全和归属的心理需要，逐渐转化为人们的价值观念，影响到人生的选择，并最终成为中华民族精神的核心要素。古老的中华民族不断焕发出勃勃生命力，中华民族的爱国情怀也不会仅仅表现为缅怀过去的荣耀，而是在新历史条件下不断地被弘扬和传承，使之提升至新的境界。

① 费孝通主编：《中华民族多元一体格局》，北京：中央民族大学出版社，2018年版，第98页。

② 习近平：《习近平谈治国理政》，北京：外文出版社，2014年版，第40页。

第三节 天下大同

爱国具有时代性。不同时代背景下，人们对爱国的理解各不相同。如果说中国古代爱国是为了创建文明统一的国家，近代爱国是为了拯救危亡困境中的中国，那么当代爱国的主题便是实现中华民族伟大复兴的中国梦，进而为构建人类命运共同体做出中国的贡献，这在一定程度上是将中国传统文化中的“天下大同”理念变成了现实。

一、“天下大同”的历史演变

在中国传统文化中，“天下”先于“大同”出现。“天下”一词，在先秦文献中已经被广泛地使用，其内涵可以归纳为三层含义：一是地理上的；二是制度上的；三是价值上的。[①]古代中国人最早认为世界天圆地方，中国居于中央，而“四夷”位于边缘。国家产生后，“天下”成为中国人心目中的政治秩序，中国是政治的中心，周边的民族臣服于中国，形成一种“中心-边缘”的同心圆型政治制度。先秦儒家提出了“天下大同”后，天下才最终突破了政治制度的话语体系，成为了一种理想政治秩序的价值观念。

《礼记·礼运》篇中记载了孔子推崇的“天下大同”理想：“大道之行也，天下为公，选贤与能，讲信修睦。故人不独亲其亲，不独子其子。使老有所终，壮有所用，幼有所长，鳏寡孤独废疾者，皆有所养，男有分，女有归。货恶其弃于地也，不必藏于己；力恶其不出于身也，不必为己。是故谋闭而不兴，盗窃乱贼而不作，故外户而不闭，是谓大同。”这是一幅以原始公有制为摹本而设想出来的理想社会蓝图。在这个社会中，财产公

① 干春松：《儒家“天下观”的再发现》，《探索与争鸣》，2019年第9期。

有，政治民主，人人各尽其能，人与人之间平等、博爱，各得其所，社会安定。没有私欲，没有盗贼，更没有战争，一派安定和谐的景象。“天下大同”作为一种社会构想，显然没有任何实现的可能，但它的后世影响远远超越了政治领域，成为两千多年儒家知识分子孜孜不倦追求的最高价值目标。

明代著名哲学家王守仁倡导的“万物一体”，是孔子之后对“天下大同”做出的重大理论创新。他说：“夫圣人之心，以天地万物为一体，其视天下之人，无外内远近，凡有血气，皆其昆弟赤子之亲，莫不欲安全而教养之，以遂其万物一体之念。”[①]王守仁从人的现实感情出发，将包括人在内的天地万物视为一个整体，把每个人都具有的同情心和道德心运用到现实生活中，以感同身受的情怀关注天地万物，进而实现社会的大同。相比于以往的“天下大同”而言，王守仁的“万物一体”有两大理论突破：一是拓展了“大同”的范围，大同不仅是实现人与人的和谐，也要关注人与万物的“一体”，这在一定程度上成为突破人类中心主义的思想萌芽。二是提升了“大同”的境界，大同既是人类生活追求的价值目标，同时它也是人的内在精神境界，成为人的自觉追求。

二、“天下大同”的当代发展

时代发展到今天，世界早已不再是原来的“天下”，“大同”也变成一个遥远的历史概念。但我们不能简单地将“天下大同”视为一个历史过客，一个想象中的思想观念。事实上，传统的“天下大同”在今天依旧有重要的价值，它能够为国家社会发展乃至人类文明进步提供方法指导和价值引领。

首先，“天下大同”是铸牢中华民族共同体意识的历史依据。社会学家费孝通认为中华民族形成和发展的基本形态呈现出“多元一体格局”，即中

① 王守仁：《王阳明全集（新编本）》第一册，吴光、钱明、董平等编校，杭州：浙江古籍出版社，2010年版，第59页。

华民族是一个以汉族为主体的多元一体的民族共同体。考古学家苏秉琦对此有形象的描述："中华大地文明火花，真如满天星斗，星星之火已成燎原之势。"[①]所谓"星斗"是指中华民族和文明起源的多元性，它是居住在其版图上的许许多多民族聚合而成的；所谓"满天"是指中华民族和文明的统一性问题，同祖、同根、同文和共同的心理素质使中华民族具有共通性和归属性，是一个统一的整体。

如果说中华民族在历史上自发形成了以文明为主要特征的多元一体格局，那么进入近代以来，中华民族在与西方列强近百年的对抗中，逐渐实现了从自发到自觉、从文化实体到政治实体的转变。孙中山在辛亥革命后提出"五族共和"理念，希望汉、满、蒙、回、藏五个民族都能够以共和民主的方式平等参与国家政权，但因为当时条件制约，孙中山并未能制定出贯彻这一理念的民族政策。中华人民共和国成立后，中国历史上首次出现了民族平等政策。1954年制定的第一部《中华人民共和国宪法》，明确规定实行民族平等政策。1957年周恩来首次提出各民族走向共同繁荣是党和国家的根本立场和根本政策。此后，各民族平等、团结、共同繁荣就成为了中国共产党一贯坚持的民族政策。

"中华民族共同体意识"拓宽了党的民族政策视野，使其成为一个涵盖政治、经济和思想意识等内容的完整政策体系。2014年，习近平首次提出在各民族中牢固树立"中华民族共同体意识"[②]，2017年党的十九大报告重申要"铸牢中华民族共同体意识"。无论是从政治、民族还是从文明层面看，中华民族都具有明显的历史连续性：从政治上说，中华民族建立和维系了世界上历史最悠久的"大一统"国家政权，"家国一体"观念深入人心；从民族上说，中华民族是数千年来以汉族为主体多民族融合的产物，在世界范围内都是民族融合的成功典范；从文明上说，中华民族吸收借鉴

① 苏秉琦：《中国文明起源新探》，北京：生活·读书·新知三联书店，2019年版，第106页。

② 习近平：《坚持依法治疆团结稳疆长期建疆　团结各族人民建设社会主义新疆》，《人民日报》，2014年05月30日。

各民族的文化资源，建立了“多元一体”的文明格局。中华民族在这些领域取得的成果，都集中体现在“天下大同”的价值追求中。天下既是中国传统的地理和政治概念，也是囊括中华民族创造的一切优秀成果的“天下”；大同不仅是古代中国人心目中的美好社会愿景，也是融合中华民族共同历史记忆和共同体意识的“大同”。因此，“天下大同”是铸牢中华民族共同体意识的历史依据。

其次，“天下大同”是实现伟大复兴中国梦的精神动力。爱国具有鲜明的时代特征，爱国情怀和行为会随着时代变化而变化。英国历史学家埃里克·霍布斯鲍姆说过：“再也没有比国际冲突更能激起双方的民族主义。”① 伴随着鸦片战争后西方列强入侵导致国家民族危局的加剧，传统中国以维护统一国家为主题的爱国主义随之发生了变化，救亡图存，重新恢复民族文化的荣光成为近代爱国者奋斗的目标。无数爱国者把强烈的忧患意识和坚定的民族自信心融为一体，把抵抗外国侵略和探索强国之路结合起来，竭尽全力进行各种救国的尝试。戊戌变法领导人康有为撰写了《大同书》，希望在传统“天下大同”中找到救亡图存的思想武器。1921年中国共产党成立以后，中国人民才找到了马克思主义中国化的救国之路。经过28年英勇奋斗，建立了中华人民共和国，实现了近代国家民族“站起来”的夙愿。建国后尤其是改革开放以来，国家发展成效显著，基本实现国家民族“富起来”的目标。进入新时代，我们国家民族步入“强起来”的阶段，习近平号召全国人民积极投身到实现伟大复兴中国梦实践中，“天下大同”迎来了重新焕发时代价值的新机遇。

2013年3月17日，在第十二届全国人民代表大会第一次会议闭幕会上，习近平强调：实现中国梦，全国各族人民一定要弘扬以爱国主义为核心的民族精神和以改革开放为核心的时代精神，不断增强团结一心的精神纽带和自强不息的精神动力，永远朝气蓬勃地迈向未来。梦想是激励人们发奋

---

① 埃里克·霍布斯鲍姆：《民族与民族主义》，李金梅译，上海：上海人民出版社，2000年版，第107—108页。

前行的精神动力，“天下大同”在中国历史中长期扮演着这一精神动力的角色。自《礼记·礼运》提出“天下大同”以来，传统知识分子不断赋予“天下大同”以新的思想内涵，从张载的“民胞物与”，到王守仁的“天下一家”，再到顾炎武的“天下兴亡，匹夫有责”，这些观念成为古代中国人追求清明政治、构建理想社会的不竭精神动力。中国梦不仅承载着国家前途、民族命运的高远追求，也肩负着人民福祉的微观价值诉求。实现中国梦归根结底就是构建一个人民群众物质利益得到满足，社会和谐稳定的美好国家。因此，“天下大同”是对中国梦的历史化表达，成为实现中国梦的重要精神动力。

最后，“天下大同”是构建人类命运共同体的思想渊源。“天下”最初是中国古代的地理概念，是古代中国人的世界观。随着“天下”演变为一个政治概念，“天下大同”成为了古代中国人心目中理想的世界愿景。经过中国传统政治和学术思想长期演变，“天下大同”中蕴含的世界愿景已经超越了《礼记》中所讲的内容，具有更为丰富的内涵：在国与国关系上，天下大同就是“百姓昭明，协和万邦”[①]，各国不应以战争和武力手段处理相互间关系，而应和谐共处、和平共存、友好交往；在政治制度上，天下大同要求“天下归仁，四方之政行焉”[②]，奉行仁义、公正的政治制度，天下就能够政治清明；在经济上，天下大同要做到“同天下之利者则得天下”[③]，财富是天下人的共同财富，国与国、人与人之间都要互利互惠。“天下大同”中蕴含的深厚历史底蕴，是中国人家国观念的延伸，体现了中国人对美好世界秩序的追求和向往。

2013年，习近平总书记首次提出构建人类命运共同体的倡议，此后有大量论述。首先，构建人类命运共同体的前提是“把自己的事情做好”[④]。作为世界上人口最多的国家，中国的发展本身就是对世界的最大贡献，同

① 《尚书·尧典》。

② 《汉书》卷十八。

③ 唐书文：《六韬·三略译注》，上海：上海古籍出版社，2006年版，第16页。

④ 习近平：《习近平谈治国理政》第三卷，北京：外文出版社，2020年版，第436页。

时也能够给世界其他国家创造更多机遇。其次，构建人类命运共同体的关键是“攥紧发展这把钥匙”[①]。贫穷是当前世界不安定的根源，世界唯有通过发展才能实现和谐共处。再次，构建人类命运共同体的安全保障是维护世界和平。“和平犹如空气和阳光，受益而不觉，失之则难存。”[②]中国人民之所以历来珍视和平，是因为历史告诉我们没有和平的环境，国与国、人与人之间的和谐关系就无从谈起。最后，构建人类命运共同体要遵循“亲、诚、惠、容的理念”[③]。“亲、诚、惠、容”是中国传统的价值观念，在构建人类命运共同体中，它们依旧有着重要的价值和作用。上述概括只反映了构建人类命运共同体倡议的主要内容，不足以涵盖其全部内涵，但我们从中可以发现这一倡议深深根植于中国传统的“天下大同”。习近平总书记也多次说明了两者的关系：中华民族历来“主张民胞物与、协和万邦、天下大同，憧憬‘大道之行，天下为公’的美好世界”“世界各国人民应该秉持‘天下一家’理念，张开怀抱，彼此理解，求同存异，共同为构建人类命运共同体而努力。”[④]人类命运共同体倡议是“天下大同”在当代的实现形式，是中国传统文化为当前世界发展提供的思想资源，全世界人民都应遵循“天下大同”的理念，推动世界走向更加美好的未来。

“新竹高于旧竹枝，全凭老干为扶持。”[⑤]“天下大同”是中国传统文化对理想世界秩序的高度概括，它既包括古代中原王朝与周边国家交往的政治秩序，也包括激励传统中国士大夫为家国天下奋斗的精神动力。当前我国正处在百年未有之大变局的新时代，日益走近世界舞台的中央。在“天下大同”这枝“老干”的扶持下，我国和世界的发展进步能够获得充足的精神动力，在铸牢中华民族共同体意识，实现伟大复兴中国梦，构建人类

① 习近平：《谋共同永续发展　做合作共赢伙伴——在联合国发展峰会上的讲话》，《人民日报》，2015年09月27日。

② 习近平：《习近平谈治国理政》，北京：外文出版社，2014年版，第331页。

③ 习近平：《习近平谈治国理政》，北京：外文出版社，2014年版，第297页。

④ 习近平：《携手建设更加美好的世界——在中国共产党与世界政党高层对话会上的主旨讲话》，《人民日报》，2017年12月02日。

⑤ 郑燮：《郑板桥全集》，卞孝萱编，济南：齐鲁书社，1985年版，第360页。

命运共同体等领域长出“新枝”，做出独特的贡献。

中国悠久的爱国传统告诉我们，每一位中华儿女不但要具有热爱祖国的情感和行动，而且要以“家国天下”的广阔胸怀去追求“天下大同”的美好世界。当代大学生是新时代中国特色社会主义事业的建设者和接班人，需要养成新时代的君子人格，继承中国历史上形成的爱国传统，并且要做到内化于心，外化于行，把爱国化为对祖国最深厚的情感，转变为建设国家的现实行动。在未来教师的职业生涯中，要贯彻立德树人的根本任务，将爱国主义贯彻到教育实践中，铸魂育人，培养具有“胸怀祖国，放眼天下”情怀的社会主义建设者和接班人。

思考题：

1.如何认识中国传统“家国一体”观念的形成和发展过程？

2.新时代大学生在养成君子人格过程中，如何继承和发扬中国人历来具有的家国情怀？

延伸阅读：君子人格典范之六

“两弹一星”元勋——邓稼先

邓稼先（1924—1986），著名物理学家、中国科学院院士，中国核武器研制工作的开拓者和奠基者，1999年被追授“两弹一星功勋奖章”。邓稼先以其卓越的才识，组织领导我国核武器研制工作，成功地设计出中国原子弹和氢弹，为增强中国国防实力做出了重要贡献。邓稼先以自己的行动，完美诠释了中国知识分子的新时代君子人格。

国家危亡，科学报国　邓稼先于1924年出生在安徽怀宁一个书香之家。他的父亲邓以蛰早年留学日本早稻田大学，获文学博士学位，后赴美国哥伦比亚大学学习美学，曾任清华大学、北京大学哲学教授，是中国现代美学的奠基人之一。1925年，邓稼先随母亲前往北京与父亲共同生活。在父亲的教育下，他自幼打下扎实的中西文化基础。

1937年“七七”事变爆发时，邓稼先正在北京崇德中学学习。当时邓以蛰正患肺病，未能随清华大学南迁，他们全家不得不滞留在沦陷后的北平。日本侵略者的凶残蛮横，使邓稼先懂得了民族压迫和民族仇恨的真正内涵，明白了亡国奴对人民意味着什么。日本侵略者强迫学生参加庆祝侵占北平游行，但邓稼先将游行用的旗子踩在脚下。日本人知道这件事后，打算迫害邓稼先，于是他辗转上海、香港，后来又到越南等地，前往西南抗战大后方。离家之际，父亲嘱托邓稼先：“为了祖国的强盛，你要立志学科学，将来报效祖国。”邓稼先时刻不忘父亲的嘱托，努力学习，1941年以优异的成绩考入西南联合大学物理系。1947年通过赴美研究生考试，次年进入美国印第安纳州普渡大学核物理专业攻读物理学博士学位。

在美国读书期间，邓稼先学习成绩突出，不满两年就拿到了物理学博士学位，那时他才26岁。邓稼先积极参加中国进步留学生团体的活动，时刻关注祖国的情况。中华人民共和国成立后，他就下定决心回国工作。1950年8月，刚刚拿到博士学位8天的邓稼先就谢绝了美国师友的挽留，毅然踏上回国的路途。回国后，邓稼先在中国科学院近代物理研究所从事核物理领域的研究工作。

隐姓埋名，“两弹”功臣 中华人民共和国成立后，美国多次用核武器威胁中国。为了打破美国对中国的核讹诈，研制核武器成为了新中国的重要任务。1958年8月，钱三强邀请邓稼先参与核武器的研究工作，邓稼先毫不犹豫就同意了。同样具有爱国情怀的妻子许鹿希非常支持邓稼先的工作，独自在家抚养一个4岁和一个2岁的儿子。

在此后的28年中，邓稼先因为主持原子弹的理论研究工作，他的名字便从各种刊物和对外联络中消失了。在我国原子弹研制初期，设施极为缺乏，他不但亲自带领科研人员参加试验场和试验设施建设，而且用古老的算盘计算复杂的原子弹理论。当时我国恰逢“三年困难”时期，邓稼先和同事有时甚至没有饭吃，即便如此，他依旧带领大家忘我工作，解决了中国原子弹设计的关键性难题，取得了被数学家华罗庚称为“集世界数学难题之大成”的成果，为1964年我国第一颗原子弹试验的成功奠定了坚实的基础。此后，邓稼先又投入氢弹的研制工作，1965年年底，他和于敏共同拿出一个后来轰动世界的氢弹方案“邓-于”理论方案，这才使我国用最短的时间研制出氢弹。

邓稼先28年隐姓埋名为我国研制核武器，不为名不为利，唯独追求国家的强大，不再受他国的欺负和威胁。正如我国第一颗原子弹试验总指挥张爱萍将军所说：原子弹不是武器，它是一种精神，是中华民族自强不息的精神！邓稼先就是这种精神的最好体现！

牺牲小我，实现大我　核武器研究有很大的风险，但邓稼先从不畏惧。在70年代末的一次空投核武器试验中，降落伞没有打开，导致核武器被摔碎。邓稼先明知核辐射的危险，还抢上前把摔碎的原子弹碎片拿在手里仔细研究。事后做身体检查发现他的尿液有极强的放射性，肝脏、骨髓都受到了放射性损害，但他依旧坚持回到核试验基地工作。

1985年，邓稼先被诊断为直肠癌。卧病在床的邓稼先依旧不忘国家的核武器事业。当时美苏等国都达到了用计算机模拟核爆炸的试验水平，这些国家计划制定国际条约禁止核试验，以达到限制中国核武器发展的企图。邓稼先敏锐地意识到其中的巨大危害，他和于敏联合撰写了一份加快发展我国核武器的发展蓝图和实现途径的建议书，让妻子许鹿希交到领导手中。当许鹿希走出病房时，邓稼先叫住了她，只说了一句话：“这比你的命还重要。”1986年7月29日，邓稼先告别了他毕生热爱的中国和人民。

邓稼先用一生的实际行动，践行了父亲早年“立志学科学，将来报效祖国”的嘱托。他用自己的卓越才华，投身于祖国的国防事业，为我国的核武器研制和发展做出了杰出的贡献，让我国从此摆脱他国肆意入侵、人民朝不保夕的危难境地。邓稼先以小我的牺牲，实现了祖国大我的利益，他的所作所为，是新时代君子人格中家国情怀的最生动体现。

第七章　敬畏生命

新时代大学生君子人格的培养，生命教育是一项十分重要的内容,也是一个刻不容缓的课题。

在我国，生命教育在学校的教学内容中虽有所涉及，但较为零散，在课堂上缺少系统详细的讲解，缺乏体验性活动，没有形成完整的生命教育体系，为了弥补当前“生命教育”的不足，我们必须充分开发利用中华传统文化的生命教育资源。中华传统文化的主干是儒佛道三家，其主流是儒学，而儒学作为传统文化三大主干中的主流，又是在儒佛道动态的互动关系中逐渐形成的。宋代以后，中华传统文化形成了以儒家为主、佛道为辅的“三教合一”的基本格局。今天，我们挖掘中华传统文化的生命教育资源，服务于大学生君子人格培养的需要，儒佛道三家文化的生命观当为重中之重。本章围绕儒佛道三教，从生命的神圣、生命的价值、生命的自由、泛爱生生四个方面，谈新时代大学生君子人格的养成问题。

第一节　生命的神圣

一、儒家贵生思想

对大学生进行生命教育，首先要培养其对生命的敬畏感，而“贵生”

思想恰是中华传统文化的精髓。早在中华传统文化的萌芽期，先哲们就提出了“生最贵”的思想。据马王堆汉墓出土简书《十问》载，尧问舜：“天下孰最贵?”舜答：“生最贵。”这种“贵生”思想被后来的儒家学派继承并发扬光大。面对生机勃勃的大千世界，孔子不禁赞叹：“天何言哉？四时行焉，百物生焉，天何言哉？”[①]《周易》进而把这种天地氤氲、万物化醇的过程称为“生生之德”，并提出“天地之大德曰生”命题[②]，这是儒家生命伦理的理论精髓。对此，后来的宋明理学家又做了进一步的理论提升。周敦颐说：“天以阳生万物，以阴成万物。生，仁也；成，义也。”[③]这就把儒家的核心道德范畴“仁”与天地之大德“生”紧紧联系在一起，从而成为儒家生命伦理的理论依据。

中华传统文化的“贵生”观念，首先表现在对人之生命的珍视上。西周时期，周武王提出“惟人万物之灵”的主张[④]，认为人是万物之灵，人的生命是最为尊贵的。《论语·乡党》记载，马厩失火时，孔子“问人不问马”，把人的生命看作第一位。孔子反对轻易剥夺人的生存权利。《论语·颜渊》载：“季康子问政于孔子曰：‘如杀无道，以就有道，何如?’孔子对曰：‘子为政，焉用杀？子欲善，而民善矣。’”孔子认为，即使对“无道”之人，也不能轻易言杀，要通过加强道德教化使其改过。孟子继承了孔子的“贵生”思想，提倡“仁政”，极力反对滥杀无辜。他说：“杀一无罪，非仁也”[⑤]，他还说：“不嗜杀人者能一之”，认为只有“不嗜杀人”的君主才具有统一天下的资格。战国时期儒家学派的另一位代表人物荀子也说：“人有气、有生、有知亦且有义，故最为天下贵也。”[⑥]人为万物之灵，人的生命是最为尊贵的。

---

① 朱熹：《四书章句集注》，北京：中华书局，1983年版。(本章所引《论语》均出自本书)。
② 黄寿祺、张善文：《周易译注》，上海：上海古籍出版社，1989年版，第569页。
③ 周敦颐：《周子通书》，上海：上海古籍出版社，2000年版，第36页。
④ 《尚书·泰誓上》。
⑤ 朱熹：《四书章句集注》，北京：中华书局，1983年版。(本章所引《孟子》均出自本书)。
⑥ 王先谦：《荀子集解》，北京：中华书局，1988年版。(本章所引《荀子》均出自本书)。

二、道家贵生思想

道家文化也蕴含着十分丰富的“贵生”思想。老子反复强调生命的重要性，谆谆教导世人“修身”“存身”“保身”。他反对世人亟于外在名利的追逐而主张全身葆真，认为与生命相比，名利是微不足道的，甚至连“天下”也不足论。他说：“奈何万乘之主，而以身轻天下？”[①]他认为，君主贵天下而轻身的做法是不足取的。“存身”就是“贵生”。老子反复倡导“摄生”“益生”“长生”“贵生”。他企慕长生，并提出自己独特的“长生久视”之道：“治人事天，莫若啬。”[②]这里，“啬”指爱惜、保养生命力，使生命之根深固。基于对生命的珍视，老子强烈反对战争，认为战争是“不祥之器”，并说“乐杀人者，则不可以得志于天下”[③]。庄子继承并发展了老子的“贵生”理论。《庄子·骈拇》批评人世间的生命异化现象：“自三代以下者，天下莫不以物易其性矣。小人则以身殉利，士则以身殉名，大夫则以身殉家，圣人则以身殉天下。故此数子者，事业不同，名声异号，其于伤性以身为殉，一也。”[④]百姓以身殉利，士人以身殉名，大夫以身殉家，圣人以身殉天下，四者所追求的目标虽然有大小之别，然而都是为了身外之物而损伤性命，因此在性质上是一样的，都是“以物易其性”。在庄子看来，只有生命本身才是最为重要的，因此他劝告世人一定要善待生命。

秦汉新道家秉承了先秦老庄道家的“贵生”思想。新道家的代表著作为《吕氏春秋》与《淮南子》。《吕氏春秋·仲春纪第二·贵生》说：“由贵生动则得其情矣，不由贵生动则失其情矣。此二者，死生存亡之本也。”[⑤]提出以“贵生”作为判断行为得失的标准。《淮南子》也提出“大己而小天下”“生尊于天下”“身得则万物备”等观点。诞生于东汉的道教，更加重

① 陈鼓应：《老子今注今译》，北京：中华书局，2020年版。（本章所引《老子》均出自本书）。
② 《老子》第59章。
③ 《老子》第31章。
④ 王先谦：《庄子集解》，北京：中华书局，1987年版。（本章所引《庄子》均出自本书）。
⑤ 许维遹：《吕氏春秋集释》，北京：中华书局，2009年版，第43页。

视人之自然生命的延长，明确提出以延年益寿、羽化登仙为其宗旨。在道教思想体系中，一切教理、教义都是围绕生命而展开的。可以说，对生命的渴望与对人世间的挚爱，是道教最重要的精神。

三、佛教贵生思想

佛教于两汉之际传入中国。从踏上中土的那天起，佛教就不断中国化，最终成为中华传统文化不可分割的一部分。习近平主席在巴黎联合国教科文组织总部发表演讲时指出："佛教产生于古代印度，但传入中国后，经过长期演化，佛教同中国儒家文化和道家文化融合发展，最终形成了具有中国特色的佛教文化，给中国人的宗教信仰、哲学观念、文学艺术、礼仪习俗等留下了深刻影响。"[①]这句话深刻指出佛教通过与儒道两家文化融合而中国化及中国化佛教对国人思想观念所产生的深刻影响，其中就包括中国佛教的生命观。

在佛教中国化的过程中，印度原始佛教中的无生、厌世思想被注入了贵生、乐生的情愫。中国佛教虽然也宣扬"四大皆空"思想，但并不否定生命的意义。如《因缘义》说："凡含灵之性，莫不乐生，求生之路，参差不一。""好生之性，万品斯同。"[②]这篇文章的作者沈约，是南朝齐梁时期的文坛领袖，新体诗"永明体"的开创者。沈约非常喜欢佛学，常用中国本土的儒家、道家思想解释佛教义理，为南朝佛教的中国化做出过重要贡献。在《因缘义》中，沈约认为"乐生"是有情识、有灵性之物的自然本性，尽管求生之路各不相同，但对生命的热爱与眷恋是没有区别的。这是典型的中国化佛教的生命观。基于这种生命观，中国佛教坚决反对轻生行为。明代高僧紫柏真可说："故有志于养生者，生不可轻。如果重生，先养其主。主者谁？主乎生者也。"[③]中国佛教孜孜于现世解脱之路的探求，提

① 习近平：《出席第三届核安全峰会并访问欧洲四国和联合国教科文组织总部、欧盟总部时的演讲》，北京：人民出版社，2014年版，第13页。

② 道宣：《广弘明集》卷22，《大正藏》第52册，第253页。

③ 紫柏真可：《紫柏老人集》卷九，《卍新纂续藏经》第73册，第222页。

倡人间净土，禅宗甚至提出“快乐无忧，故名为佛”命题[①]，把印度佛教所宣扬的彼岸世界的佛国，落实到了此岸世界，佛不再是那种高高在上的、神秘的外在力量，而是一种内在于心的，只要抛开外来的烦恼，回归自己的本心，就能达到的愉悦境界。

尽管中华传统文化中的儒道佛三家思想在理论内涵与表现形式上都有实质性差异，但在“贵生”“乐生”认识上三家是一致的，共同撑起中华传统文化的生命大厦。中华传统文化的“贵生”思想，能帮助新时代大学生们体认生命的神圣性，更加珍视自己与他人的生命。新时代大学生君子人格的培养，应当凸显这些“贵生”“乐生”思想，帮助大学生们体认生命的神圣性，从而增强抵御挫折、困难及悲观、甚至厌生情绪影响的能力。

第二节　生命的价值

人一来到这个世界，就不可选择地处于一定的社会关系之中，其生命不仅属于他自己，也属其家庭、社会，个体生命的价值也只有在与他人、与社会的关系中才能得以形成与展现。因此，人之生命不仅是一个有机体的自然发展过程，更是一个完善道德、履行责任的过程。个体责任感的强弱，取决于他对自己与他人及社会之间关系的理解。受种种因素的影响，有些人过分关注自我而忽视对他人、家庭及社会的责任。责任感的淡薄使其不能正确认识自己生命的价值，从而导致抵御挫折与困难能力的下降，在失败与压力面前，易产生强烈的失落感、孤独感、空虚感与幻灭感，在这些情绪的左右之下，失范行为就在所难免了。因此，加强以道德感、责任感、使命感为核心的生命价值观教育，是新时代大学生君子人格培养的

① 道原：《景德传灯录》卷四，《大正藏》第51册，第226页。

重要内容，这种教育资源在中华传统文化中有着鲜明的体现。

一、儒家生命价值观

中华传统文化的生命观，是一种伦理型的生命观，生命价值与伦理道德紧紧联系在一起。儒家把对自我生命的敬惜与对父母的孝敬联系起来。《礼记·哀公问》："身也者，亲之枝也，敢不敬与？不能敬其身，是伤其亲。伤其亲，是伤其本。"[①]爱身就是敬亲，伤身就是伤亲，就是不孝。

为了提高生命的社会价值，儒家以"修身、齐家、治国、平天下"为人生目标，并以此作为安身立命的终极根据。宋代理学家张载则把个体生命的价值概括为："为天地立志，为生民立道，为去圣继绝学，为万世开太平。"[②]这四句话被现代哲学家冯友兰称为"横渠四句"。有了这种人生目标，人就不会拘泥于个人得失，而自觉地调节个体与群体之间的矛盾，把个体的情感欲求限制于群体的框架之内，这就是《论语·为政篇》里说的"从心所欲，不逾矩"。

儒家文化提倡"以和为美"，主张人与人之间和睦相处。孔子把这种思想概括为"仁"，"仁者爱人"，他主张以"爱"作为处理人与人之间关系的基本准则，具体表现为《论语·雍也》里的"已欲立而立人，已欲达而达人"，《论语·颜渊》里的"己所不欲，勿施于人"。在"爱人"的基础上，形成了"老吾老以及人之老，幼吾幼以及人之幼"的宽广情怀与安老怀少的社会风尚，形成中华民族大家庭社会生活中浓烈的人文情怀和生活情趣。

正确处理人与人、人与社会之间矛盾的过程，就是在履行责任与使命的过程，有了强烈的历史责任感与时代使命感，就会对生命、生活持积极乐观的态度。《周易》说："天行健，君子以自强不息。"[③]这是中华传统文化对积极人生态度的经典概括。孔子十分重视"刚"的品德，《论语·子

---

① 杨天宇：《礼记译注》，上海：上海古籍出版社，1997年版，第858页。

② 张载：《张载集》，北京：中华书局，1978年版，第320页。

③ 黄寿祺、张善文：《周易译注》，上海：上海古籍出版社，1989年版，第8页。

路》说“刚毅、木讷，近仁”，《论语·子罕》又说“三军可夺帅也，匹夫不可夺志也”。有了这种积极的人生态度，人就会更加热爱生活，热爱生命，也就不会为日常生活中的小事而烦恼了。所以，《论语·述而》里说：“发愤忘食，乐以忘忧，不知老之将至。”

二、道家生命价值观

秉承个体自然生命至上主义的道家、道教，也十分重视个体生命的道德性与社会性。从先秦老庄道家“无为而治”的政治主张，到秦汉新道家“身国同治”的社会实践，再到魏晋玄学“游外冥内”的人生追求，道家在努力保全自我生命的同时，一刻也没有忘记对人生使命的践履。老子说：“贵以身为天下，若可寄天下；爱以身为天下，若可托天下。”认为只有珍爱自己生命的人，才能担负起治理天下的大任，人民才能放心地把天下托付于他，这就把“贵生”与“治天下”紧紧联系在一起。《吕氏春秋·季春纪第三·先己》说：“成其身而天下成，治其身而天下治。”[①]将个体生命价值的实现提升至社会价值的高度。魏晋玄学家郭象标举“内圣外王”的人格范式，既强调对个体生命自由的护持，又强调生命社会价值的实现。道教经典《太平经》反复强调“人命最重”“寿最为善”[②]，不但重视延年益寿，而且把“寿”直接与伦理道德的善恶判断联系起来，以伦理道德眼光来审视生命的价值。道教还主张“欲修仙道，先修人道”，认为修仙与做人是不可分离的，做人与养生都必须遵守那些合乎生命大道的社会公德。

三、佛教生命价值观

佛教虽是一种出世的宗教，但其慈悲普度的悲悯情怀天然地蕴涵着火热的社会责任感。佛教主张“大慈与一切众生乐，大悲拔一切众生苦”[③]，

---

① 许维遹：《吕氏春秋集释》，北京：中华书局，2009年版，第70页。

② 王明：《太平经合校》，北京：中华书局，1960年版，第34、222页。

③ 龙树菩萨：《大智度论》卷27，《大正藏》第25册第256页中。

要求把所有生命的欢乐与痛苦当作自己的欢乐与痛苦来体验，这就是所谓“正命”。“正命”是一种体现佛教大慈大悲的生活方式，是一种热爱生命的伦理态度，是一种体现道德感与责任感的生命观。

中国佛教发展到宋代，儒学化色彩更加浓厚，对生命的社会价值更加推崇。有研究者说：“宋代佛教引进‘天下国家’和‘忠君忧时’，开辟了古代佛教爱国主义和民族主义一途，在中国佛教发展史上，是有里程碑意义的事件。”[①]这种说法是符合实际的。以例为证。大慧宗杲（1089—1163），两宋之际高僧，开创“大慧派”，丛林归重，名震京师。面对金兵的入侵，宗杲四处奔走呼吁抗金，因此遭议和派秦桧等人的打击，被流放到衡州（今湖南衡阳）、梅州（今广东梅州）等地。“家国情怀”是他所开创的“大慧派”的基本思想。宗杲的三传弟子居简，南宋著名诗僧，也积极主张抗金，写下多首礼赞抗金的诗篇。如《读岳鄂王传》，赞扬岳家军的恢弘气势：“寇连诸道解如瓦，气吐千丈长于虹”；礼赞岳飞的忠君爱国精神：“乾坤不朽忠义骨，光腾抔土方幢幢”；抨击卖国求荣者的卑鄙无耻：“乱臣贼子生看好，遗臭不老均翾虫”；抒发壮志难酬的悲愤之情：“至今奸血泽遗类，忠愤郁郁填人胸”。宗杲的四传弟子道璨，也明确表示要继承师祖的“忧君爱国”精神，一生也写下很多礼赞忠君爱国、关心民生疾苦的诗篇。可以说，“忧君爱国”是南宋以后中国佛教的基本思想，高僧与士大夫一样，有着浓厚的家国情怀，把生命的社会责任与价值放在十分重要的位置。

在人生观上，中华传统文化标举“内圣外王”之道为人生的终极目标，这是中国古人安身立命的终极根据，是他们的精神家园。有了这种人生目标，人们就会自觉地调节个体与群体之间的矛盾，把个体的情感欲求限制在群体的框架之内，让个体生命的价值实现于群体之中。中华传统文化的生命价值观，对新时代大学生君子人格的养成具有十分重要的意义。它对

① 杜继文主编：《佛教史》，北京：中国社会科学出版社，1991年版，第483页。

个体生命道德感、使命感的强调，能帮助大学生们充分认识：生命不但属于自己，而且属于家庭、属于社会；生命不仅仅是一个有机体的自然展开过程，更是一个道德完善、使命担当过程。它启发当代大学生们，以一种道德眼光看待个体生命，以强烈的责任感与使命感来充实生命的内涵。有了强烈的责任感与使命感，就会对生活充满信心与热情，就会积极关心他人与社会，以积极、负责的态度对待自己的命运与前途。

第三节　生命的自由

大学生君子人格的养成，除了体认生命的神圣，提升生命的价值外，还要学会摆脱物欲的束缚，以一种审美的眼光看待生命、以审美的态度对待生活。帮助大学生树立正确的价值观，让其心灵从物欲的束缚中解放出来，这是大学“生命教育”的又一重要内容，也是君子人格培养的重要内容。中华传统文化在这个方面也有大量资源供我们利用。

一、儒家生命自由观

中华传统文化向来重义轻利，主张用人的理性精神来约束感性欲求。孔子说：“君子喻于义，小人喻于利。”[①]当然，这并不是否定人正当的物质欲求，而是主张对物质利益要取之有道，要节之以礼。孔子最得意的弟子颜回，虽然家贫如洗，但是丝毫不影响其对生活的热爱。孔子赞曰：“一箪食，一瓢饮，在陋巷。人不堪其忧，回也不改其乐。贤哉，回也！”[②]北宋理学家周敦颐称这种超越物质享受的精神愉悦为“孔颜之乐”，这是一种清风明月般韵致高远、淡泊洒落的情怀，是一种超越名利富贵的生命自由

① 《论语·里仁》。

② 《论语·雍也》。

境界。

在中国古代，“雅”与“俗”是人们品评思想文化与人格操守的一对核心概念。古代贤圣的雅俗观蕴涵着当时知识分子的价值理想与人生追求，是我们理解传统文化精神的一个重要窗口，因此钱穆先生说：“欲知中国文化传统，雅俗之辨，涵有深义，不容不知。”[①]雅俗是区别君子与小人的标尺，雅则君子，俗则小人。勘验雅俗的标准很多，对待名利富贵等“外物”的态度即是其中重要的一条。

战国时期，荀子这样区别雅人与俗人：雅人虽然“隐于穷阎漏屋，无置锥之地”“其穷也，俗儒笑之”，但是能做到“穷处而荣，独居而乐”；俗人则“以从俗为善，以货财为宝”[②]。雅人重内在礼义德道修养，轻外在名利富贵，内心充实而光辉，因而不为外物所役使，即所谓“内省而外物轻”[③]；俗人追逐物欲的满足，整天患得患失，寝食难安，即所谓“以己为物役”[④]。如何化俗为雅？荀子给出的答案是“以理制欲”。所谓“以理制欲”，并不是主张无欲。《荀子·解蔽》说，“欲”是人性之必然，圣人在对俗人进行道德教化的过程中，不但不能去其欲，反而要“纵其欲，兼其情”，这里所谓“纵欲”“兼情”不是任其情欲的宣泄，而是适当满足其情欲的需要，同时还要“制焉者理”，即把情欲控制在理性法则之下。在荀子看来，雅人之所以为雅，不在于寡欲、无欲，而在于他能依靠理智的力量把欲望限制在礼义所允许的范围之内。在以荀子为代表的先秦儒家看来，“雅”是一种调节、制约人的本能欲求从而产生高尚追求的道德理性精神。这种精神就是儒家心目之中君子人格的基本内涵。

二、道家生命自由观

道家鄙弃扭曲自己的灵魂，去满足物欲的人生态度，主张以超然物外

① 钱穆：《晚学盲言》（上），桂林：广西师范大学出版社，2004年版，第339页。
② 《荀子·儒效》。
③ 《荀子·修身》。
④ 《荀子·正名》。

的态度与世俗相处。老子提倡“见素抱朴，少私寡欲”，主张摆脱物欲的束缚，回归生命的本真。庄子也极力批判世人逐物迷己，困而忘返的现象，认为物欲是人类心灵自由的最大桎梏。他认为“其耆欲深者，其天机浅”①，如射而赌物者，以瓦作赌注时其心思灵巧，以钩作赌注时其心里恐惧，以黄金做赌注时其心智昏乱，这就是“外重者内拙”②。

三、佛教生命自由观

佛教禅宗更是提倡生命的自由境界。日本著名禅学家铃木大拙说：“禅就其本质而言，是看人自己生命本性的艺术，它指出从枷锁到自由的道路。”③这就是说，禅是一种生命的自由境界。禅宗认为，佛就是人人本具有的“平常心”。对于“平常心”，禅宗的高僧大德们作了诗意的阐释。景岑说：“要眠即眠，要坐即坐。热即取凉，寒即向火”④；慧开说：“春有百花秋有月，夏有凉风冬有雪。若无闲事挂心，便是人间好时节”⑤。“平常心”并不是麻木不仁的生活态度，而是一种对宇宙、人生的达观情怀。唐代船子和尚《垂钓诗》说：“千尺丝纶直下垂，一波才动万波随。夜静水寒鱼不食，满船空载月明归。”⑥钓者垂下千尺丝纶，等待游鱼上钩，忽然游丝一动，心中顿起层层欲望之波，但夜静水寒，游鱼并没有光顾，垂钓者不但没有因此而沮丧，反而欣悦于自己所收获的满船明月。此时，垂钓者已经完全抛开了外在的物质欲求，而进入澄明的生命自由境界。

中华传统文化向来重义轻利，主张用人的理性精神来约束泛滥的感性欲求。这种约束并不是否定物质欲求，更不是否定生命的价值，而是主张对物质利益要取之有道，要节之以礼。中华传统文化批判人之生命为物欲

① 《庄子·大宗师》。
② 《庄子·达生》。
③ 铃木大拙，佛洛姆：《禅与心理分析》，北京：中国民间文艺出版社，1986年版，第175页。
④ 普济：《五灯会元》，北京：中华书局，1984年版，第210页。
⑤ 洪修平、张勇：《禅偈百则》，北京：中华书局，2008年版，第163页。
⑥ 洪修平、张勇：《禅偈百则》，北京：中华书局，2008年版，第58页。

所异化的现象，不懈地追求个体生命的自由。这种对生命自由境界的倡导，启发当代大学生们以审美的眼光看待生命，从而摆脱物欲的束缚，在嘈杂、喧嚣的世界中为心灵寻觅一片富有诗意的栖息之地，以自由、宁静、平和的心态对待学习与生活。这对克服市场经济带来的功利主义、金钱至上等过于世俗化的思想是大有裨益的，这也是新时代大学生君子人格培养不可或缺的一环。

第四节　泛爱生生

“敬畏生命”，既指对人之生命的尊重，也指对其他动物、植物生命的尊重。近代以来工业文明的高度发达，导致了一种以科技为主导的“工具理性”的膨胀与人文精神的相对萎缩。受此潮流的影响，今天的大学校园存在重科技、轻人文现象。大学在教学生“何以为生”本领的同时，往往忽视了教育他们“为何而生”的理性思考。大学课程的设置、学生专业的选择在一定程度上受市场需求影响，就业率与收入的高低是衡量专业“冷热”的标准之一，“实用”是学生判断课程价值的主要尺度。利用科技征服自然的观念，在现代大学生中间是存在的，这是十分危险的。法国学者贝尔纳·斯蒂格勒说：“技术既是人类自身的力量也是人类自我毁灭的力量。”[①]此论决非危言耸听。以“天人合一”为基本思维方式的中华传统文化，秉持着一种人情化、人伦化的自然观，这对引导大学生走出生命观上的误区是大有裨益的。

① 贝尔纳·斯蒂格勒：《技术与时间》，南京：译林出版社，2000年版，第100页。

一、儒家自然生命观

儒家在提出“人最为天下贵”的同时，并没有忽视其他生命体的生存权。他们以推己及人的思维方式，把对生命的珍重推广到其他生物。孔子提倡“钓而不网，弋不射宿”[①]。“钓而不网”，主张对自然的索取要有节制，不可一网打尽，在整体上给物种以繁衍生息的机会；“弋不射宿”，主张不杀归巢之鸟，不破坏鸟正在享受的天伦之乐。孟子把作为“仁之端”的“恻隐之心”推及牛羊，力劝“君子远庖厨”[②]。汉代，儒家思想演变为以董仲舒为代表的天人感应理论，虽然理论内涵与表现形式都发生了很大变化，但“贵生爱物”的根本思想是没有改变的。董仲舒说：“质于爱民，以下至于鸟兽昆虫莫不爱。不爱，奚足谓仁？”[③]至宋代，理学家们又把“贵生爱物”思想上升到理论高度。二程提出“天地万物为一体”命题，张载提出“民胞物与”命题，认为人与万物都是禀理而生，气化而成，因此在本原上是一体的。这就为儒家敬畏生命、善待万物提供了形而上的理论依据。

儒家对生命的敬畏，还表现在对大自然生态平衡的维护上。早在远古时期，我们的先人就已经意识到，不可对大自然过分索取，要注意保持生态的平衡。《逸周书·大聚》载：“禹之禁：春三月山林不登斧，以成草木之长；夏三月川泽不入网罟，以成鱼鳖之长。”[④]这种思想为后来的儒家学者所继承并上升至道德伦理高度。曾子说：“树木以时伐焉，禽兽以时杀焉。夫子曰：‘断一树，杀一兽，不以其时，非孝也。’”[⑤]孔子及其学派认为，过度砍伐、狩猎就是不孝。大自然本来是一个和谐的生命体，《中庸》所谓“万物并育而不相害”，作为“有知”“有义”的万物之灵，人只有爱

① 《论语·述而》。

② 《孟子·梁惠王》。

③ 苏舆：《春秋繁露义证》，北京：中华书局，1992年版，第251页。

④ 张闻玉：《逸周书全译》，贵阳：贵州人民出版社，2000年版，第166页。

⑤ 《礼记·祭义》。

惜物命，才能与天地相参。

二、道家自然生命观

道家反对“人类中心论”，竭力批判人类以“智”征服自然、破坏自然的行为。《庄子·胠箧》说，“故天下每每大乱，罪在于好知”“故上悖日月之明，下烁山川之精，中堕四时之施，惴耎之虫，肖翘之物，莫不失其性。甚矣夫好知之乱天下也！”人类对自然的过分索取，悖乱了日月的光明，销蚀了山川的精华，毁坏了四时的运行，甚至使地上蠕动的小虫和空中飞舞的小蛾都失掉了本性。道教主张以平等的态度对待自然万物，认为人与万物都是“道”的显化，人对自然万物的尊重就是对“道”的尊重，因此修道者应该广施“仁德”于天下，尤其对动物生命更应该加以保护。《太上洞真智慧上品大诫》《要修科仪戒律钞》等道教戒律文书，都主张以仁慈之心对待自然万物，把人类社会的伦理法则推及自然界的飞禽走兽、草木虫鱼。

三、佛教自然生命观

佛教更是大力提倡呵护自然万物的生命，与自然和谐相处。佛教宣扬“不杀生”，并把“杀生”定为“十恶”之首。佛教认为，世间万物都是因缘和合而成，整个世界就是一张“因陀罗网”，其中的一切事物都处于重重无尽、相互含摄的关系之中。人的存在有赖于种种因缘，人的生命与大自然中的其他生命息息相关。佛教反对“人类中心”论，提倡“众生平等”，认为爱护众生就是仁爱的体现。唐代高僧神清说：“孝者以敬慈为本，敬则严亲，慈则爱人；严亲则不侮于万物，爱人则不伤于生类。防患息违，莫大于此矣。”[①]由严亲至爱人再到惜护生灵，体现了佛教的生命伦理观。

中国佛学宣扬的“众生平等”，也表现在众生与无情物之间。禅宗认为，大自然的一草一木都是佛性的体现，所谓“青青翠竹尽是法身，郁郁

① 神清：《北山录》卷六，见《大正藏》第52册，第608页下。

黄花无非般若”。这种思想具有极为重要的生态学意义。方立天说：“在同样具有佛性这一点来说，无情之物与众生并无本质区别，彼此是平等无二的。应当说，这是对自然界生物和无生物的尊严的确认，是对自然界万物的敬重、悲切和摄护。”[①]这段话正确说出了中国佛学的自然生命观。

在中华传统文化中，探索人与自然关系的学问，称为天人之学。中国人的自然观是一种人情化、人伦化的自然观。中国古人认为，天地人皆禀阴阳之气而生，天与人是相通、相感的。他一方面强调天地人相统一，另一方面强调人的特殊性，将人与自然的关系定位在一种积极的和谐关系上，反对片面征服自然。他肯定天道之创造力充塞宇宙，而人则“与天地合其德，与日月合其明，与四时合其序”（《易传·文言》），并能将“仁”的精神推及天下，泽及草木禽兽，达到天地万物人我一体的境界。中华传统文化的“天人合一”思想，可以有效地弥补当今社会工具理性与价值理性之间的裂缝，促进科学精神与人文精神的融合。这对新时代大学生君子人格的培养十分重要。中华传统文化人情化、人伦化的自然生命观，能帮助当代大学生在现实生活实践中树立人与自然平等的观念，尊重其他生命体的生存权，尊重自然、善待自然、保护自然，为重构和谐的人与自然关系贡献自己的力量。总之，“敬畏生命”、敬畏自然，是新时代大学生君子人格的基本内涵，应当成为新时代大学课程的重要主题。

思考题：

1.儒家生命关怀对当代大学生君子人格的养成有何启示？

2.道家生命关怀对当代大学生君子人格的养成有何启示？

① 方立天：《中国佛教哲学要义》，北京：中国人民大学出版社，2002年版，第1215页。

延伸阅读：君子人格典范之七

清风明月——苏轼

苏轼（1037—1101），字子瞻，号东坡，四川眉山人。才华出众，于宋仁宗嘉祐二年（1057）应试，欧阳修读其文，不禁感慨："快哉！快哉！老夫当避路，放他出一头地也。可喜，可喜！"[①]果然，苏轼成为继欧阳之后的文坛领袖，在诗词、散文、书画等方面均取得非凡成就。

苏轼思想儒佛道兼综，以儒为主、佛道为辅，其生命观也体现出这一特征。受儒家思想影响，他一生勤勤恳恳，为国为民，努力实现生命的社会价值；受佛道思想影响，他十分豁达，不论处在什么境遇之中，都能保持乐观的生活态度，努力保持生命的自由。

画家李公麟（号龙眠居士），曾为苏轼画一张像，挂在杭州金山寺。一天，苏轼路过该寺，看到这张像，就在旁边题了一首诗——《自题金山画像》："心似已灰之木，身如不系之舟。问汝平生功业，黄州惠州儋州。"苏轼为人正直，敢说真话，仕途坎坷，屡遭贬谪，一生做过八个州的地方官，本诗中的黄州、惠州、儋州只是其中的代表。

苏轼每到一地，都尽心尽力为当地百姓谋福祉。熙宁十年（1077）秋，任徐州太守时，黄河决口，洪水马上就要冲垮城墙，官吏、富人争相逃离，城内一片大乱。为了稳住民心，苏轼阻止这些出城的官吏与富人，并劝他们加入抗洪队伍。苏轼本人更是以身作则，在城墙上临时搭建一间小屋，日夜坐镇指挥。他对全城百姓许诺："吾在是，水决不能败城。"城墙终于守住了，全城百姓的生命与财产保住了。《徐州志·山川·苏堤》记载："宋苏轼守徐时，河决为患，因筑以障城，自城属于台，长二里许，民赖以全，活着众，今尚存。徐人至今思焉。"

元祐四年（1089），苏轼任杭州知州。当时的杭州，水灾、旱灾、风

① 《与梅圣俞》。

灾、饥馑、瘟疫接踵而至。苏轼组织民众抵御灾害，多方筹集资金，甚至拿出自己的全部积蓄，创置病坊（医院），救护了无数人的生命。同时，苏轼还组织民众治理西湖。由于西湖长期没有疏浚，淤塞过半，严重影响了农业生产与民众生活，如苏轼诗句所说“葑合平湖久芜漫，人经丰岁尚凋疏”。他率领二十万民众，开掘葑滩，疏浚湖底，恢复了西湖水光潋滟的原貌。为了保证西湖不再淤塞，又在湖水深处修建三座石塔，禁止在石塔以内的水域种植菱荷茭白之类的植物。这三座石塔就是现在的“三潭印月”。苏轼还让民众利用挖出的淤泥，在里湖与外湖之间修筑一条长堤，后人称之为“苏公堤”或“苏堤”。在一首诗中，苏轼自豪地说：“我凿西湖还旧观，一眼已尽西南碧。”欣慰之情，跃然纸上！他写下大量描写西湖美景的诗篇，如《赠刘景文》：“荷尽已无擎雨盖，菊残犹有傲霜枝。一年好景君须记，正是橙黄橘绿时。”

民间有“东坡处处筑苏堤”之说。元祐六年（1091），苏轼被贬颍州（今安徽阜阳），疏浚颍州西湖。绍圣元年（1094），被贬惠州（今广东惠城），自捐黄金，疏浚惠州西湖，并修长堤。作《西新桥》，记录老百姓的喜悦之情：“父老喜云集，箪壶无空携。三日饮不散，杀尽村西鸡。”在老百姓的喜悦之中，苏轼的内心得到满足与慰藉，这就是孟子所说的“与民同乐”之“大乐”。

绍圣四年（1097），年逾花甲的苏轼又被贬到海南儋州。宋代，放逐海南是仅次于满门抄斩的处罚。然而，这并没有使苏轼失去对生活的信心。他不但没有厌恶这个地方，反而把它当作第二故乡，反复吟诵“我本儋耳氏，寄生西蜀州”“日啖荔枝三百颗，不辞长作岭南人”。海南本为蛮荒之地，读书人很少，更无人考中功名。苏轼在这里兴办学堂，传播文化，远近民众慕名而来，一时出现文化繁荣景象。也有人考中功名，苏轼为此题诗：“沧海何曾断地脉，珠崖从此破天荒。”为了纪念苏轼，儋州人把当地许多地名以“东坡”命名，如“东坡村”“东坡井”“东坡路”等。

苏轼的人生态度是积极的，其文学创作也提倡“有为而作”。面对宦海沉浮、穷达荣辱，他始终保持冷静、旷达的生活态度。其绝大多数文学作品，写于贬谪时期。因“乌台诗案”被贬为黄州团练副使期间，他多次游览赤壁，写下《赤壁赋》《后赤壁赋》《念奴娇·赤壁怀古》等名篇。公务之余，他带领家人开垦城东一片坡地，种田以贴补生计，“东坡”之号从此诞生。

受儒家生命观的影响，苏轼一生积极追求生命的社会价值，每到一处都努力为社会、为百姓做好事、做实事。受佛道生命观的影响，苏轼宠辱不惊，淡泊洒落，始终保持着清风明月般的情怀。读一下他的作品，就能真切地感觉到这一点。

如《记承天寺夜游》：

元丰六年十月十二日夜，解衣欲睡，月色入户，欣然起行。念无与为乐者，遂至承天寺寻张怀民。怀民亦未寝，相与步于中庭。庭下如积水空明，水中藻、荇交横，盖竹柏影也。何夜无月？何处无竹柏？但少闲人如吾两人者耳。

全文八十余字，意境清远，韵味隽永，一“闲”字道出其中况味。心闲则安，“此心安处是吾乡”。

“莫听穿林打叶声，何妨吟啸且徐行。竹杖芒鞋轻胜马，谁怕？一蓑烟雨任平生。料峭春风吹酒醒，微冷，山头斜照却相迎。回首向来萧瑟处，归去，也无风雨也无晴。”这首《定风波》是苏轼生命观的集中体现。人生境遇，有时顺有时逆，而对生命的珍惜与热爱是永恒不变的。

第八章　五育并养

未来属于青年，希望寄予青年。党和国家历来高度重视青年，始终把培养青年成长成才作为一项长期的重要战略任务。习近平在庆祝中国共产党成立100周年大会上的重要讲话中提出，新时代青年要增强做中国人的志气、骨气、底气。志气体现着远大的理想目标，源于坚定不移的崇高信仰；骨气体现着不屈的品格操守，源于实事求是的求真精神；底气体现着充分的勇气自信，源于科学伟大的理论实践。中华民族是一个有志气、有骨气、有底气的民族，古往今来，中国人的接续奋斗锻造了富有志气、骨气、底气的君子品格。青年大学生作为实现中华民族伟大复兴的先锋力量，要加强明德修身、知识学习、体育锻炼、审美养成、劳动实践，在追求德智体美劳全面发展、担当民族复兴重任的伟大实践中，增强做中国人的志气、骨气、底气。

第一节　德以固本

“德者，本也。”[①]德是个人发展、社会稳定的基础，是促使国家、民族、社会向上向善的原动力。中华民族自古以来崇尚道德，推崇德行，强

① 《礼记·大学》。

调道德的教化作用，把修德作为立身之本、立国之基。

党的十八大首次提出社会主义核心价值观，从三个层面将国家、社会、公民的价值要求融为一体，明确回答了建设什么样的国家、建设什么样的社会和培育什么样的公民的重大问题。社会主义核心价值观内涵体现的就是一种德，既是个人的德，也是一种大德，就是国家的德、社会的德。习近平指出，社会主义核心价值观是当代中国精神的集中体现，凝结着全体人民共同的价值追求。核心价值观是一个民族、一个国家精神追求的体现，是一个社会评判是非曲直价值标准的体现。一个国家的文化软实力，与其核心价值观的生命力、凝聚力、感召力息息相关。

当社会主义核心价值观的内涵投射于个体发展时，可以由大见小，一个人只有明大德、守公德、严私德，才能得到长远发展。大学生“要立志报效祖国、服务人民，这是大德”，要从做好小事、管好小节开始起步，踏踏实实修好公德、私德，学会劳动、学会勤俭，学会感恩、学会助人，学会谦让、学会宽容，学会自省、学会自律。[①]以“德”完善人格，自觉主动树立和践行社会主义核心价值观，全面塑造新时代君子人格。

一、明大德，立志报效祖国

富强、民主、文明、和谐是社会主义核心价值观在国家层面的体现，是中华优秀传统文化的继承发展，是我国社会发展的必然逻辑，是社会主义初级阶段党的基本路线目标所指。“天下至德，莫大乎忠。”[②]国际国内形势的深刻变化，使大学生思想政治教育既面临有利条件，也面对严峻挑战，青年如何在考验面前保持立场坚定，最有力的精神支柱就是对共产主义的信仰，对中国特色社会主义的信念，对中国共产党的无限忠诚。养大德方能成大业，大学生要注重从党的红色谱系中明心铸魂，从时代榜样和英雄

① 习近平：《青年要自觉践行社会主义核心价值观——在北京大学师生座谈会上的讲话》，《人民日报》，2014年5月5日。

② 《忠经·天地神明》。

人物身上感悟道德风范，补足精神之钙，坚定践行社会主义核心价值观，在新时代新征程中砥砺奋进、建功立业。

国有德才能兴。道德是时代的灵魂、民族的命脉和社会的底色，也是国富民强、社会进步的精神标识。“求木之长者，必固其根本；欲流之远者，必浚其泉源”①，中华优秀传统文化是中华民族的精神内涵，是涵养社会主义核心价值观的重要源泉。习近平强调，要锤炼品德，自觉树立和践行社会主义核心价值观，自觉用中华优秀传统文化、革命文化、社会主义先进文化培根铸魂、启智润心，加强道德修养，明辨是非曲直，增强自我定力，矢志追求更有高度、更有境界、更有品位的人生。

2014年5月4日，为纪念五四运动95周年，北京大学师生在静园草坪举行“青春中国梦，赤忱五四情”青春诗会。这一天，习近平来到北京大学考察，同大家一起欣赏了充满激情的朗诵，称赞北大师生的朗诵透着自信，希望他们创作出优美的文字诗篇、谱写壮丽的人生诗篇。“凿井者，起于三寸之坎，以就万仞之深。”②他在与师生座谈中指出，青年的价值取向决定了未来整个社会的价值取向，而青年又处在价值观形成和确立的时期，抓好这一时期的价值观养成十分重要。这就像穿衣服扣扣子一样，如果第一粒扣子扣错了，剩余的扣子都会扣错。人生的扣子从一开始就要扣好。实现中国梦是一场历史接力赛，需要一代又一代人接续奋斗，社会主义核心价值观是其中最持久最深沉的力量。“勤学、修德、明辨、笃实”的重要要求，迅速在青年群体中流传开来，成为当代青年修身立德、树立和践行社会主义核心价值观的八字箴言。③

二、守公德，崇尚引领风气

自由、平等、公正、法治是社会主义核心价值观在社会层面的体现，

① 《谏太宗十思疏》。

② 《刘子・崇学》。

③ 《总书记这样和大学生谈心》，《人民日报》，2021年12月1日。

是现代社会的基本价值准则，是现代化国家和社会文明的重要标志。社会公德是社会整体的道德秩序，体现着人民对美好生活的追求和向往。道不可坐论，行不能空谈。青年大学生守公德就是要牢记党的教诲，从党的优良作风中汲取营养，培养艰苦奋斗、不惧艰险、不怕牺牲的崇高品德；怀揣对人民的赤诚之心，忠诚担当、踔厉奋发，以实际行动践行社会主义核心价值观，不负历史，不负时代，不负人民。

守公德，就是要自觉践行社会公德和职业道德。崇尚公德，青年从学习生活实际出发，积极参与社会实践，投身志愿服务、公益活动，在实践中培养感恩社会、回馈他人的社会责任感。大学生要心怀"国之大者"，涵养人民情怀，坚定心中有民，立志为党分忧、为国谋事、为民服务，始终与人民风雨同舟、生死与共，勇担时代责任和历史使命，切实把青春小我融入中华民族伟大复兴中国梦中，在实现民族复兴的赛道上奋勇争先。

崇尚引领风气的公德。把正确的道德认知、自觉的道德养成、积极的道德实践紧密结合起来，带头倡导良好社会风气。大学生要从知、情、行做起，自觉主动把道德追求内化为高尚的情操、健康的心态和优雅的情趣，培养理性平和的心态，勇于面对成长道路上的挫折和挑战。学会苦中作乐，有豁达的态度；学会自得其乐，有平和的心态；学会戒浮戒躁，有磨炼心性的韧性。"天下难事，必作于易；天下大事，必作于细"[①]，从小事、细节开始，一言一行中展现自我良好的道德修养，以力所能及之事促进社会进步。

三、严私德，追求修身律己

爱国、敬业、诚信、友善是社会主义核心价值观在公民层面的体现，集中表达了作为公民个人应当遵循的价值原则，是对公民私德的严格约束。提升个人的道德修养是青年成长成才的固本之基，私德不严，公德难守，

① 《道德经》。

大德弗明。青年大学生要以榜样为标杆，注重从老一辈革命家身上学习和感悟严于修身律己、乐于接受监督、严格家教家风的崇高风范，“在大是大非面前旗帜鲜明，在风浪考验面前无所畏惧，在各种诱惑面前立场坚定”[①]，自觉把个人理想追求和人生价值融入党和国家事业之中。

立德是树人的基础。蔡元培说过，“若无德，则虽体魄智力发达，适足助其为恶，无益也。”[②]修业必先修德，德是每个人成长成才的前提和基础，一个人只有才、德相配，并以德为引领，才能真正成为栋梁之才。青年人如若没有崇高理想和良好品质，即使再博学也无法成为优秀人才。君子人格讲究德为先，中华优秀传统文化特别强调品德修养对于个人成人成才的重要意义，注重以德领才、以德蕴才、以德润才。“才者，德之资也；德者，才之帅也。”[③]不养德、不修身，无法成为有用人才，更难成为大家、大师。德，是首要、是方向、是根本，我们党历来把德才兼备、以德为先作为最根本的用人标准。

榜样是鲜活的价值观，是有形的正能量。2017年5月3日，在中国政法大学“不忘初心跟党走”主题团日活动中，习近平把自己的“偶像”介绍给了青年们。1966年，还在上初中的习近平，读到了穆青等采写的《县委书记的榜样——焦裕禄》，他向青年们说起自己的感受，“这件事一直影响着我。直到我从政，直到我担任县委书记，后来担任总书记，焦裕禄精神一直是一盏明灯。学习焦裕禄精神诠释了中国共产党人的优秀品质。”“焦裕禄同志的事迹归结到一点，就是坚定跟党走，他一生都在为党分忧、为党添彩。”不忘这个初心，是我国广大青年的政治选择，也是我国广大青年的人生航向。[④]

“行高人自重，不必其貌之高。”[⑤]道德情操是火、是灯，点燃希望、照

① 习近平：《习近平谈治国理政》，北京：外文出版社，2014年版，第413页。

② 蔡元培：《蔡元培教育文选》，北京：人民教育出版社，1980年版，第15页。

③ 《资治通鉴·周纪》。

④ 《总书记这样和大学生谈心》，《人民日报》，2021年12月1日。

⑤ 《袁氏世范》。

亮未来。高尚的道德情操是青年大学生成长的奠基石，只有具备了高尚的道德情操，才能为今后的发展夯实基础、积蓄力量，无往而不胜。今天，我们身处百年未有之大变局，青年大学生通过自觉树立和践行社会主义核心价值观，做到明大德、守公德、严私德，拥有积极的人生态度、良好的道德品质、健康的生活情趣，并将正确的道德认知、自觉的道德养成、积极的道德实践紧密融入学习生活中，成为良好社会风气的倡导者，不断完善新时代君子人格。

第二节　智以培根

智育，通常指教育者有目的、有计划、有组织地以系统科学知识和技能武装学生，发展学生智力的教育，既包括传授知识信息，也涵盖提升知识能力。智育是人才培养的重要途径，也是大学生全面发展的必要路径。新时代的君子需要具备广博的文化知识，掌握多种才能，坚持实践锤炼，以智慧和努力改变个人命运、点亮时代命运。

自古以来，中华民族就注重智，有着治学修身的优良传统。在儒家文化中，“知”是君子的一种理想人格，代表着人们对知识和智慧的追求。在对待知识的态度上，孔子认为应该实事求是、谦虚谨慎，“知之为知之，不知为不知，是知也”[①]。我们党始终高度重视青年的成长成才，社会主义建设者和接班人既要有高尚品德，又要有真才实学。习近平在考察中国科学技术大学时对同学们说：“青年是国家的未来和民族的希望，希望同学们肩负时代责任，高扬理想风帆，静下心来刻苦学习，努力练好人生和事业的基本功，做有理想、有追求的大学生，做有担当、有作为的大学生，做有

① 《论语·为政》。

品质、有修养的大学生。”[①]一个人只有具备健全的人格，才能树立正确的世界观、价值观与人生观，进而为社会作贡献。智是大学生人格的重要修习内容，在君子人格的不断完善中持续运动，是德育、体育、美育、劳育的隐性内在驱动力，对新时代大学生君子人格的养成具有重要作用。

一、增长见识，提升学习动力

人以学而立，智从学中来。中华民族向来注重学习，崇尚勤学的优良品格，诸葛亮曾说“才须学也，非学无以广才”[②]。习近平指出，“知识是每个人成才的基石”“要通过学习知识，掌握事物发展规律，通晓天下道理，丰富学识，增长见识。”[③]未来社会唯一可持续的竞争优势就是学习能力。中国共产党人依靠学习走到今天，也必然要依靠学习走向更远的未来。青年人正处于学习的黄金时期，应该把学习作为首要任务，作为一种责任、一种精神追求、一种生活方式，树立梦想从学习开始、事业靠本领成就的观念，让勤奋学习成为青春远航的动力，让增长本领成为青春搏击的能量。大学生要接好时代的接力棒，必须把学习科学文化知识作为首要任务，通过不断的学习，提高自身素质和能力，以适应时代的发展要求。

“人才有高下，知物由学。”[④]知识是人类进步的阶梯。学可以增智，大学生通过学习科学知识，汲取新思想、新知识、新经验，提升知识总量和知识质量，在学习中不断总结归纳，从而积累认识新情况、解决新矛盾、处理新问题的能力与水平，真正做到因事而化、因时而进、因势而新。同时，当学习成为一种责任、一种精神追求、一种生活方式时，学习不再是一种任务，也不再局限于课本、教材，而习惯于处处能学、时时可学，从而提升自主学习、自我评价、自我激励的能力，使自身潜能得到充分发挥，

---

① 《让青春在奉献中焕发绚丽光彩——习近平总书记关于青年工作重要论述综述》，《人民日报》，2021年5月4日。

② 《诫子书》。

③ 习近平：《在北京大学师生座谈会上的讲话》，《人民日报》，2018年5月3日。

④ 《论衡・实知》。

逐渐养成乐于学习的习惯，进而追求终身向学，成为最好的自己。“幼而学者，如日出之光；老而学者，如秉烛夜行，犹贤乎瞑目而无见者也。”[①]人在任何时候开始学习都是有益的，要通过智育，让学习成为一种持续的、内在的、隐性的动力和成长成才源源不断的驱动力，自觉养成和践行终身学习理念。

二、明辨是非，学会为人处世

智既强调知识文化，也强调懂得世俗伦理、明辨是非善恶，明晰为人之道、处世之道，遵循社会秩序、匡正世风良俗，从而成为更好的社会人。高校以立德树人为根本任务，以人才培养为核心，以教学为基础，设立各级各类课程，通过通识课程、专业课程、实践课程等不同课程体系的教育教学，让学生从中学习科学文化知识。同时，大学生在学习过程中，从教师、专业行家、榜样、朋辈、校友等群体中汲取向上向善的力量，学习知识也学习常识，认识科学也认识社会，做到成才与成人之间的相互促进、相互融合。

智者“知己”。知人，不仅要知彼，更要知己，客观清醒地认识自己。所谓自知之明，当是比“知彼”和“使人知己”更为重要且难得的品质。“不患人之不己知，患其不能也”[②]，强调的就是一个人对自我的认识了解，追求真本事、真学问、真才能。“知之为知之，不知为不知，是知也”[③]，智者能正视自己，了解自己的优势与不足，更好地发挥长处、改进不足。习近平回忆七年知青岁月时动情地说：“我到农村插队后，给自己定了一个座右铭，先从修身开始。一物不知，深以为耻，便求知若渴。上山放羊，我揣着书，把羊拴到山坡上，就开始看书。锄地到田头，开始休息一会儿时，我就拿出《新华字典》记一个字的多种含义，一点一滴积累。我并不

① 《颜氏家训·勉学》。
② 《论语·宪问》。
③ 《论语·为政》。

觉得农村7年时光被荒废了，很多知识的基础是那时候打下来的。现在条件这么好，大家更要把学习、把自身的本领搞好。”[①]可见，正确认识自己、把握自己也是勤奋学习、终身学习的动力。

智者“知彼”。所谓知彼，是指对自我以外的认识，包括了他人和社会等。智者，应当对是非善恶有清醒的认识，明白公序良俗，不颠倒黑白、不僭越礼制。孔子曾痛斥不知礼的季平子，“八佾舞于庭，是可忍也，孰不可忍也”[②]。人在成长过程中，学会擅以他人为师，学习别人的优点，“三人行，必有我师焉”[③]；擅以他人为鉴，检视自己的不足，“吾日三省吾身”[④]，有则改之，无则加勉。知彼取决于坚定的意志品质和正确的价值取向，青年要勤学苦练、修德修身、明辨是非、笃实笃行，从人生的拔节抽穗期起就树立正确的人生观、世界观、价值观，为一生的成长成才奠定坚实的品质基础。大学生通过学习锤炼品德、启智润心，明辨是非曲直、增强自我定力，养成海纳百川的气魄、源远流长的底蕴、推陈出新的锐气，拥有爱国爱家的民族情怀、自强不息的进取精神和止于至善的崇高追求。知彼还是一种前进的力量，用君子般的底气、骨气和志气面对一切，在困难挫折面前不言放弃，选择迎难而上、砥砺前行；在欲望诱惑面前不图淫逸，坚持为公之心、底线原则；在错误不公面前不回避不旁观，敢于激浊扬清、仗义执言；在大是大非面前不装聋不作哑，做到立场坚定、态度鲜明。

三、勇于担当，追求知行合一

智并非单纯地掌握知识或能力，作为人格的要素，有别于认识意义上的纯粹理性（理论理性），知（智）还主要表现为一种伦理理性或实践理性，是一种实践的智慧。实践是检验真理的唯一标准，书中有智慧，实践

① 《总书记这样和大学生谈心》，《人民日报》，2021年12月1日。
② 《论语 · 八佾》。
③ 《论语 · 述而》。
④ 《论语 · 学而》。

出真知。人生是一个实践创造的过程，大学生既要勤奋务实，学好书本知识，做好知识积累；也要多读无字之书，多行实践之路，在实践中探索新知。高校的智育，培养的是堪当民族复兴重任的时代新人，追求的是“文能提笔安天下，武能上马定乾坤”①，是理论家和实干家的完美结合者。时代新人，要有扎实学识，腹有诗书才能有底气；要勇于担当，在纷繁复杂的世界中能够理性地、独立地思考，有勇气有能力应对挑战；要善于实践，把知识与思考付诸行动，学思践悟结合，成为视野广阔、能力全面、行动力强的高水平复合型人才。

幸运、光荣而自豪的是，新时代的青年大学生正奋进在不负韶华、不负时代的青春赛道上。“清澈的爱，只为中国”是新时代的中国青年向世界发出的最强音。习近平在庆祝中国共产主义青年团成立100周年大会上指出，广大青年在脱贫攻坚战场摸爬滚打，在科技攻关岗位奋力攀登，在抢险救灾前线冲锋陷阵，在疫情防控一线披甲出征，在奥运竞技赛场奋勇争先，在保卫祖国哨位威武守护，在党和人民最需要的时刻冲得出来、顶得上去，展现出自信自强、刚健有为的精神风貌。②青年一代，正在兑现“强国一代有我在”的青春誓言！

中国航天事业经过六十多年的发展，取得了一系列举世瞩目的成就，积淀形成了深厚博大的航天精神，培养造就了一批杰出的人才，“嫦娥团队”“天问团队”“神舟团队”“北斗团队”等多支人才队伍，平均年龄都在30—40岁之间；由清华大学研发的新型冠状病毒单克隆中和抗体“安巴韦单抗/罗米司韦单抗”联合疗法，2021年12月8日获得国家药品监督管理局应急批准上市，这是我国首个全自主研发并经过严格随机、双盲、安慰剂对照研究证明有效的抗新型冠状病毒药，作为幕后研发主力的研发团队平均年龄不到30岁，由4名老师和11名博士和博士后研究生组成；2020年武

① 《三国演义》中，诸葛亮如是评价蜀汉大将姜维：“文能提笔安天下，武能上马定乾坤。心存谋略何人胜，古今英雄唯是君。”（《赠幼骐伯约》）。

② 习近平：《在庆祝中国共产主义青年团成立100周年大会上的讲话》，《人民日报》，2022年5月11日。

汉暴发疫情时，全国4万多名支援湖北医务人员中，90后、00后的年轻人有1.2万多名，他们不畏艰险、冲锋在前、真情奉献，逆行出征、火速驰援，在隔离救治病房殊死奋战，用行动证明了年轻人的责任、担当和价值。“愿以吾辈之青春，守护这盛世之中华”，紧急时刻，到处响彻的是“我是党员”“我是团员”的铿锵誓言，盛世青春在疫情大考的风雨洗礼中展现了担当、砥砺了成长。

没有人永远年轻，却永远有人正年轻。百年党史上，永远不乏风华正茂的年轻人，怀揣一腔热血、挥洒毕生所学，投身革命、建设现代化事业中。新时代中国青年也正在以自己的学识、胆识担当起属于自己的时代责任。时代总是把历史责任赋予青年。时代虽各不相同，但青春一脉相承、奋斗一生不止，生逢其时、重任在肩，新时代的青年有理想、有道德、有文化、有纪律，正在用君子之智和青春之力奋斗出一个更加美好的中国。

第三节　体以强基

我们党历来重视体育事业，保障和发展人民健康权益，推动体育事业改革发展。1952年，毛泽东题词“发展体育运动，增强人民体质”[①]，为新中国的体育发展确定了方针。同年，邓小平题词“把体育运动普及到广大群众中去”[②]。1997年，江泽民为体育工作题词“全民健身，利国利民，功在当代，利在千秋”[③]。2008年，胡锦涛在北京奥运会总结表彰大会上提出：“我们要坚持以增强人民体质、提高全民族身体素质和生活质量为目

① 中共中央文献研究室：《毛泽东年谱（一九四九——一九七六）第一卷》，北京：中央文献出版社，2013年版，第563页。

② 杨胜群、闫建琪：《邓小平年谱（1904—1974）》（中），北京：中央文献出版社，2009年版，第1054页。

③ 傅砚龙、曹守和：《东方中国体育指导思想研究》，北京：人民出版社，2012年版，第232页。

标，高度重视并充分发挥体育在促进人的全面发展、促进经济社会发展中的重要作用。”2022年，习近平在北京冬奥会、冬残奥会总结表彰大会上的讲话中指出：“我们要坚持以增强人民体质、提高全民族身体素质和生活质量为目标，高度重视并充分发挥体育在促进人的全面发展中的重要作用，继续推进体育改革创新，加强体育科技研发，完善全民健身体系，增强广大人民群众特别是青少年体育健身意识，增强我国竞技体育的综合实力和国际竞争力，加快建设体育强国步伐。”

党和国家始终将体育发展、人民健康放在重要位置，建设体育强国、健康中国是规划和远景目标，更是一个不灭的灯塔，始终照耀和引领着体育发展的方向。习近平强调，少年强、青年强则中国强。少年强、青年强是多个方面的，既包括思想品德、学习成绩、创新能力、动手能力，也包括身体健康、体魄强壮、体育精神。[①]他在全国教育大会上强调，要帮助学生在体育锻炼中享受乐趣、增强体质、健全人格、锤炼意志。党的十九届五中全会通过《中共中央关于制定国民经济和社会发展第十四个五年规划和二〇三五年远景目标的建议》，提出到2035年基本实现社会主义现代化远景目标，“建成文化强国、教育强国、人才强国、体育强国、健康中国，国民素质和社会文明程度达到新高度，国家文化软实力显著增强”。高校肩负立德树人的根本任务，不仅要传道授业，还要培养学生爱国主义、集体主义、社会主义精神和奋发向上、顽强拼搏的意志品质。要充分认识和发挥体育在培养新时代大学生君子人格中的重要作用，引导大学生在体育锻炼中“享受乐趣、增强体质、健全人格、锤炼意志”。促进内外兼修、全面发展。

一、增强体质，培养健康体魄

“文明其精神，野蛮其体魄”。1917年4月，毛泽东在《新青年》发表

① 国家体育总局编写组：《深入学习习近平关于体育的重要论述》，北京：人民出版社，2022年版，第255页。

《体育之研究》一文，分析当时的教育形势时说："吾国学制，课程密如牛毛，虽成年之人，顽强之身，犹莫能举，况未成年者乎？况弱者乎"。这样的见解，放在今天也大有可取之处。毛泽东指出："体育一道，配德育与智育，而德智皆寄于体，无体是无德智也"[①]，强调德智体全面发展，体育是基石、是载体。君子，首先要有健康体魄。大学生在体育学习、锻炼中，首先能够强身健体，从而为各项学习实践提供最基础的身体素质，进而才能精力饱满地投入学习和工作，为实现人生价值、服务社会奠定基础。《国家学生体质健康标准》规定，将学生体质健康测试成绩作为学生评优评奖的重要考核指标，学生体质健康测试成绩不达标按结业或肄业处理。

中国工程院院士钟南山在疫情面前无畏逆行，带领广大医务工作者奋战在抗疫一线。2020年在"共和国勋章"颁授仪式上，他迈着矫健的步伐走向红毯，回到广州后他和师生们分享感受时说："我自己故意在走红毯、领奖的时候走快一点，显示我还没老。"从钟南山院士走红毯的视频中，丝毫看不出他已是84岁高龄。钟南山年轻时是一位体育健将，在1959年首届全运会上，以54.4秒的成绩打破了400米栏的全国纪录，现如今仍然坚持体育锻炼。耄耋之年，在一般的认知里应该是要安享晚年了，但钟南山院士却仍然精力充沛地奋战在医疗一线，为广大人民群众的身体健康贡献力量，这与他长期坚持锻炼，拥有良好的身体素质是密不可分的。他曾说，只有体质好，才能做更多的工作，承受更大的压力。他也呼吁，增强青少年体质，刻不容缓。当务之急就是要让更多的青少年参加体育锻炼，改善青少年体质是一项意义在于未来的事业。

在安徽师范大学的体育教学中，除了开齐开足体育课程，学校从2017年开始实施阳光体育锻炼，覆盖全体、全员参与。为培养学生良好运动习惯、提升学生体质健康，学校通过"健康知识+基本运动技能+专项运动技

---

① 中共中央文献研究室、中共湖南省委《毛泽东早期文稿》编辑组：《毛泽东早期文稿（1912.6—1920.11）》，长沙：湖南人民出版社，1990年版，第66—67页。

能”[1]的体育教学模式，建立日常参与、体质监测和专项运动技能测试相结合的考查机制。依托手机运动APP，督促学生早晨、下午和晚上，在校园道路或体育场地上进行跑步、健步走等。学生参与阳光体育锻炼的情况通过手机APP系统进行记录考核，并纳入大学体育课程总成绩，有效激励学生课外体育锻炼的积极性，强健学生体魄。2020年，全校本科生阳光体育锻炼及格率已达到99%。通过推行阳光体育锻炼和实施学生体质健康测试，学生的课外锻炼意识明显增强，学生体质健康测试成绩合格率稳定在90%以上。

二、锤炼意志，培养奋斗精神

体育学习和锻炼，不是一蹴而就，而是持之以恒，想要达到一定效果，必定是一个坚持不懈和不断追求的过程，在“不重言谈，重在实行”[2]的日复一日中，可以锤炼学生的意志品质、磨炼学生的耐性韧性，逐渐养成坚强的意志、勇敢无畏的精神，并在完成一个个目标中不断培养自信心、进取心。

体育促使学生在坚持中不断追求进步。体育的学习锻炼是一个循序渐进、不断追求的过程，是一朝一夕的积累和永无止境的突破。1932年洛杉矶奥运会，23岁的刘长春成为第一个站上奥运赛场的中国人；2021年，第32届夏季奥林匹克运动会，在短跑运动员平均年龄25岁的田径场上，32岁“高龄”的苏炳添以半决赛第一的成绩进入决赛，创造了新的亚洲纪录，也成为了世界上第一个跑进奥运会百米决赛的黄种人。此前很多人都认为，苏炳添已经到达顶峰了，再也跑不动了。但是他始终坚持，2013年跑出10秒06，2015年跑出9秒99，2021年跑出9秒83的骄人成绩。从1932年到2021年，这场跨越了89年的奔跑，是日复一日的不放弃，是突破极限的不

① 《中共中央办公厅、国务院办公厅印发〈关于全面加强和改进新时代学校体育工作的意见〉〈关于全面加强和改进新时代学校美育工作的意见〉》，《人民日报》，2020年10月16日。

② 毛泽东于1917年4月在《新青年》第三卷第二号上，以“二十八画生”署名发表《体育之研究》。

断挑战，是即使0.01秒也不放过的追求。

体育帮助学生学会面对挫折。由于体育锻炼的特殊性，在感受赢、感受成功的实际过程中，其实更经常感受到的可能是失败，但这种“失败”很少会是一蹶不振，而是一种积极的挫折教育。如何接受失败？如何在失败后调整心态？如何继续坚持？在体育的过程中，可以让学生体验辛苦、体验挫折，并通过坚持与努力，克服困难、超越自我，从而战胜挫折，增强心理承受能力，培养学生百折不挠的品质。世界体操冠军李宁在一次采访中说：“不知有意还是无意，体操给了我很多训练上的一些特质，包括如何面对困难，我怎么能找到办法克服困难，如何设定一个目标，以及如何加强我的意志来实现这一目标。”体育不仅育体，更能育心，体育学习锻炼带来的人文关怀和心理疏导，促进学生身心健康。

三、增进团结，培养协作能力

2021年7月20日，国际奥委会主席巴赫在东京宣布，奥林匹克的口号由“更快、更高、更强”修改为“更快、更高、更强——更团结”（Faster, Higher, Stronger-Together）。沿用多年的口号增加了“更团结”，更加强调了人类社会在困难时期团结一致的必要性。体育可以促进学生身体更加协调，促进学生精神和身体更加和谐，学会沟通交流，懂得团结协作，促进人际交往，培养学生的责任担当，引导学生做一名顶天立地的君子。

体育是一项系统工程，锻炼形式是肢体之间的协调，锻炼过程还存在精神与身体之间的对抗和协调。体育锻炼需要身体各个部位的合作才能完成，通过体育运动，可以增强个人身体的协调性。在实际生活中，很多一开始肢体不协调的人，通过一段时间的体育锻炼，肢体的协调性都会有所改善。同时，体育锻炼会使肌肉产生酸痛感，身体的疲惫对心理和精神产生刺激形成抵抗，在一定程度上身体和精神是对立的，但通过坚持锻炼可以让身体逐渐适应，精神情绪逐渐舒缓，使得两者逐渐和谐产生平衡，身心的和谐也会使体育锻炼产生更好的效果。此外，通过日积月累的锻炼，肌体形态得到重塑，身体素质得以增强，精神上也会获得愉悦，进而达到身心的和谐健康。

体育能增强团结协作能力。体育学习锻炼常常需要多人合作才能达到更高质量、更佳效果，比如篮球、排球、足球等运动，不仅需要团队中的每个运动员有实力，更需要队员之间的合作，才能发挥出1+1>2的效果。中国女排，对于每一个中国人来说都不陌生，是中国各体育团队中成绩最突出的体育团队之一，获得了世界上第一个“五连冠”，在2019年获得了世界杯第五冠、三大赛（世界杯、世锦赛和奥运会）第十冠。在20世纪80年代中国女排夺得“五连冠”之后，诞生了祖国至上、团结协作、顽强拼搏、永不言败的女排精神，很好地诠释了为国争光、无私奉献、科学求实、遵纪守法、团结协作、顽强拼搏的中华体育精神。对于中国人来说，女排队员换了一拨又一拨，赛事成绩也历经浮沉，但是一个团队永不服输、竭尽全力、拧成一股绳的拼搏精神，始终像一盏明灯，照亮心头。“体育之效，至于强筋骨，因而增知识，因而调感情，因而强意志。”[①]在体育运动中，可以让学生学会沟通和交流，增强人际交往能力和语言表达的能力。同时，每个人在团队中都有相应的职责，每个人都竭尽所能地拼搏并相互配合才能取得好成绩，在此过程中还会激发团队凝聚力和集体荣誉感，学生在参与团队合作的过程中，能更好地养成责任和担当。

中国近代著名体育教育家马约翰说：“我觉得体育的功效，最重要的在培养人格，补充教育的不足，教你们注意自己，培养一种‘干，干，干！’的精神，负责任，帮助别人。所以新同学一进来，我一直就跟他们讲sports man ship，sports man ship。体育是培养人格的最好的工具。”[②]体育，可以促进学生享受乐趣，更好地在生命运动中愉悦身心；增强学生体质，拥有健康体魄，更好地学习知识文化；锻炼意志，锤炼学生品质，培养不断进取的奋斗精神；健全人格，引导学生增强协作、和谐身心，提升沟通表达、

① 毛泽东：《体育之研究》。

② 清华大学校史组：《人物志》，北京：清华大学出版社，1983年版，第66页。

团结合作的实践能力和责任担当，养成更完善的新时代君子人格。

第四节　美以润心

谦谦君子，温润如玉。“文质彬彬，然后君子”[①]，古往今来，君子始终给人以美的感受。新时代大学生君子人格的内涵，随着时代的进步和发展而不断丰富，但美在其建构中的理论和实践价值，始终为人们所重视、探求和认同。大学阶段是大学生养成审美意识、积累审美知识、培养审美能力的关键时期，高校开展以艺术知识教育、打造校园文化、践行审美活动为主题的美育，对大学生的成长成才起着不可替代的作用。

首次明确、系统提出“美育”概念的是德国著名戏剧家和诗人席勒，在《美育书简》这部经典著作中，他主张通过美育培养理想的人、完美的人、全面和谐发展的人。一般意义上的学校美育，是指培养学生认识美、爱好美和创造美的能力的教育，也称美感教育或审美教育，是全面发展教育不可缺少的组成部分。人类的美育思想源远流长，美育的历史同人类的文明史相伴而生，并随着人类社会实践的发展而发展。

孔子最早提出美育思想并指出了美育在人格养成中的作用，提出君子“志于道，据于德，依于仁，游于艺”[②]“兴于诗，立于礼，成于乐”[③]的美育宗旨和教育原则，实可谓“其教人也，始于美育，终于美育”[④]。孟子曾指出，“仁言不如仁声之入人深也”[⑤]。20世纪初，王国维、蔡元培等人将

① 《论语・雍也》。
② 《论语・述而》。
③ 《论语・泰伯》。
④ 王国维：《王国维文学美学论著集》，周锡山评校，上海：上海三联书店，2018年版，第80页。
⑤ 《孟子・尽心上》。

美育概念和西方美学思想引入中国。蔡元培认为美育有助于良好道德品质的形成，“人人都有美感，而并非都有伟大而高尚的行为，这由于感情推动力的薄弱。要转弱为强，转薄为厚，有待于陶养。陶养的工具为美的对象；陶养的作用，叫作美育”①。可见，对于美育在人格养成重要作用的认知上，自古以来就是一种共识。

我们党和国家高度重视学校美育工作。2020年10月，为强化学校美育育人功能，构建德智体美劳全面培养的教育体系，中共中央办公厅、国务院办公厅印发《关于全面加强和改进新时代学校美育工作的意见》（以下简称《意见》），提出把美育纳入各级各类学校人才培养全过程，贯穿学校教育各学段，培养德智体美劳全面发展的社会主义建设者和接班人。《意见》指出：“美是纯洁道德、丰富精神的重要源泉。美育是审美教育、情操教育、心灵教育，也是丰富想象力和培养创新意识的教育，能提升审美素养、陶冶情操、温润心灵、激发创新创造活力。”②

一、增强审美自主性

美，是具体的，也是抽象的。其表现形式可通过视觉、听觉、嗅觉、触觉等被人们觉察到，但其表现形式之下带给人精神上的享受、情操上的陶冶、灵魂上的荡涤，更需要我们主动去体会、探索和感悟，感受和体悟，缺一不可。审美，其实是人作为个体的一种自主自觉的活动，不带有任何强制、强迫，个体受到美的熏陶时，完全因为美的本身魅力。高校美育形式多样，包括但不限于文学、影视、美术、音乐、舞蹈等。大学生沉浸于这些形式之中，在整个审美的过程中，作为审美主体的精神完全处于一种放松、自由、享受的自主状态，摆脱了日常世俗的束缚和干扰，自觉主动地将整个身心交由美的形式，全神贯注到各种形式中，最终达到“神与物

① 高平叔：《蔡元培美育论集》，长沙：湖南教育出版社，1987年版，第266页。

② 《中共中央办公厅、国务院办公厅印发〈关于全面加强和改进新时代学校体育工作的意见〉〈关于全面加强和改进新时代学校美育工作的意见〉》，《人民日报》，2020年10月16日。

游”的极致境界。正如黑格尔所说：“审美带有令人解放的性质，它让对象保持它的自由和无限，不把它作为有利于有限需要和意图的工具而起占有欲和加以利用。”[①]艺术的真实不同于生活的真实，美育可以引导人们进行充满个性色彩的审美历程，这本身就是对情感的培育。这种通过美育而获得的自由和解放，就是一种超越性人格品质。当然，美育的目的也只有在个体自觉主动参与并创造的过程中，才能得以实现。在美育中，个体的感受是自主的，感受到的美也是个性化的、各不相同的，正如“一千个读者有一千个哈姆雷特”，但不管是什么样的美，都是审美个体自主建构的，而不是被灌输、机械式地复制粘贴。

美育可以培养学生追求完善人格的自觉。美需要个体主动参与，审美过程中个体是自由的，这种自觉自主，不但可以帮助学生提升内在审美需要，而且可以引导学生建立完善的内在审美人格。当自主性形成并逐渐成为一种自然而然的惯性时，则更加有利于培养学生的创造力、创新性和自主学习能力，让学生产生永动机式的内驱力，不需要外部的驱使，个体就会在理论与实践中，自觉主动地逐渐完善新时代大学生君子人格的种种美好品质。

二、提升审美辨别力

在美育中，有一项重要内容叫作审美认知教育，指实施审美活动中的认知过程和接受过程的教育，是对美的信息进行输入、编码、转化、储存、提取运用等审美信息加工活动。审美认知教育是个体审美活动中的重要环节，包括了注重辨明悲剧与喜剧、丑与荒诞等审美形式。在大学生的美育活动中，美通过各种形式呈现，从不同的维度影响、刺激审美个体，让大学生产生不同的感觉、纷繁的情感，或愉悦或痛苦，或疑问或肯定，通过正能量更加坚定正能量，借由负能量思考正能量；通过撕碎的美、含泪的

① 黑格尔：《美学》（第一卷），朱光潜译，北京：商务印书馆，1979年版，第147页。

笑，不论形式的悲和喜，趋向于正确的世界观、人生观和价值观。大学生在长期的审美实践中，在刺激之下产生的不同思考中，学会感知美、欣赏美，在体验中形成发散思维和对美的判断力，从而产生新的正确的价值标准，促使自身的辨别力得到潜移默化的提升。

同时，辨别力对于培养新时代大学生正确价值观显得尤为重要。《关于进一步加强和改进大学生思想政治教育的意见》指出："国际国内形势的深刻变化，使大学生思想政治教育既面临有利条件，也面临严峻挑战。国际敌对势力与我争夺下一代的斗争更加尖锐复杂，大学生面临着大量西方文化思潮和价值观念的冲击，某些腐朽没落的生活方式对大学生的影响不可低估。"①这些不容忽视的负面思想和价值观存在被部分学生认可的现象，而美育能有效提升大学生人格的超越性，去除功利性、物质性，提升思想境界和生活品质。通过美育潜移默化形成的正确的辨别力，能让大学生在诱惑面前坚定信念，在错误的价值观面前站稳立场，从而真正地成为一名具有新时代君子人格的大学生。

三、培养高雅的情趣

格调高雅的美育活动通过各种美的形式，陶冶情操，浸润心灵，帮助学生培养高雅情趣。

美育是一种感性教育和体验式教育，需要身心同时沉浸才能达到最完美的效果。美育以多样化形式给予个体直观感受和感性观念的影响，在这种身心的双重影响下，大学生的身心得到和谐发展，从而培养其高雅情趣，脱离低级趣味。独特的校园自然环境、人文氛围、校史校情以及校园精神文化，是得天独厚的美育载体，潜移默化地对大学生进行着美的教育。加之丰富多彩的美育实践活动，如插花、艺术鉴赏、摄影等，高校搭建平台、提供契机、创设情境、营造氛围，无形地拨动着学生美的心弦，以此形成

① 《中共中央、国务院发出〈关于进一步加强和改进大学生思想政治教育的意见〉》，《人民日报》，2004年10月15日。

无形又有形的人文关怀，与学生达到情感共鸣，在认识上达成共识，从而逐渐形成稳定化、普遍化的人格结构，养成独立和谐、开朗乐观、创新洒脱的内在品质，学习更多美的、艺术的、具有浪漫气息的高雅情趣爱好，以此推动君子人格不断走向丰满和成熟。

安徽师范大学的美育教育突出价值引领，以中华美育精神培养学生高雅情趣。学校先后在合肥市第一中学、绩溪县桂枝小学、芜湖市延安小学、弋江区丽城社区等，开展雕刻技艺手工秀、雕刻大师面对面、精品佳作赏析、三雕礼仪文化传习、三雕故事情景剧、三雕家风演讲等非物质文化遗产传承推广活动，让更多学生学习经典传统艺术。同时，设立赭麓书画社、江南诗社、德雅书苑等15个美育类学生社团，配备专业教师进行日常指导，学生社团每年开展特色美育活动60余场，参与学生1.2万余人次，为大学生感受美、欣赏美、创造美提供平台。此外，学校设置美育实践教学项目，发挥国家艺术基金等辐射作用，开设“艺术+”实验室，设立徽州木雕、徽州砖雕、徽州石雕创客工作室，创建“青春丝语”文衣、文创、文化工作室。直接吸收本科生参加，提升学生的美育实践和创新研究能力，帮助学生掌握更多艺术技能。

四、塑造有趣的灵魂

《关于全面加强和改进新时代学校美育工作的意见》强调：“强化中华优秀传统文化、革命文化、社会主义先进文化教育，引领学生树立正确的历史观、民族观、国家观、文化观，陶冶高尚情操，塑造美好心灵，增强文化自信。”①作为扎根中国大地办教育的高校美育，必定要从中华优秀传统文化、革命文化、社会主义先进文化中汲取强大力量，坚定文化自信，坚守文化底色，在美育中厚植家国情怀。

新时代大学生君子人格中一定有深厚的家国情怀。人格养成的先进性

① 《中共中央办公厅、国务院办公厅印发〈关于全面加强和改进新时代学校体育工作的意见〉〈关于全面加强和改进新时代学校美育工作的意见〉》，《人民日报》，2020年10月16日。

与历史继承性，要求审美教育应该具有优秀民族文化元素，也就是说，只有具备鲜明的民族性的审美教育，才是真正完整的审美教育。从中华优秀传统文化、革命文化、社会主义先进文化中产生的音乐、雕塑、建筑、绘画、诗词、戏曲、书法等传统艺术形式，极具中华民族文化特点，可以帮助学生充分感受博大精深、源远流长的中华民族文化精神，充分吸收喜闻乐见的大众文化的优秀成分，陶冶“爱我中华”的情操。

安徽师范大学坚持以立德树人为根本任务，大力实施体育美育浸润行动计划，充分立足中华优秀传统文化，结合地方特色，发挥学校优势，坚持以美育人、以美化人、以美培元，推进美育工作。开展高雅艺术进校园、徽风皖韵进高校、文化名家进高校、非物质文化遗产进高校等活动，举办校园“非遗文化节”，弘扬中华优秀传统文化，厚植民族精神；结合安徽地方文化，开设黄梅戏、舞龙舞狮、民族舞、毽球、龙舟等特色课程，探索具有地域风貌、校园特色和学生特点的美育活动形式。学校充分挖掘地方美育资源，实施创造性发展创新性转化，《徽州三雕》获批中华优秀传统文化传承基地，大学生艺术教育工作坊项目“徽州三雕工作坊”荣获全国第六届大学生艺术展演一等奖并亮相现场展演，“雕情意刻徽州三雕，安徽师大传承记忆情怀”入选中青网《传承的力量》，徽州砖雕作品《三尺巷》入选“中国艺术新视界2019年巡展”和国家艺术基金《徽州三雕家风主题艺术作品巡展》，校龙舟队获安徽省第七届高校龙舟赛一等奖。

高校开展的美育主要涵盖艺术知识教育、校园文化建设、审美实践活动等形式，从理论到实践，从知识传授到氛围营造，全方位彰显着美育在新时代大学生君子人格养成中的重要作用。

第五节　劳以炼骨

2018年，全国教育大会提出“培养德智体美劳全面发展的社会主义建设者和接班人”，党中央决定把劳动教育纳入社会主义建设者和接班人的要求之中，作出德智体美劳全面发展的总体要求。加强新时代大学生劳动教育，健全大学生的君子人格，“要在学生中弘扬劳动精神，教育引导学生崇尚劳动、尊重劳动，懂得劳动最光荣、劳动最崇高、劳动最伟大、劳动最美丽的道理，将来能够辛勤劳动、诚实劳动、创造性劳动”①。“劳”是最后一个加进五育并举的，凸显出新时代培养合格劳动者的迫切要求。劳动教育本身具有鲜明的实践性，与德智体美相辅相成、相互补充，而重在引导学生以动手实践为主要方式，在认识世界的基础上，获得有积极意义的价值体验，学会建设世界、塑造自己，更好地实现树德、增智、强体、育美的目的。

2020年3月，中共中央、国务院发布《关于全面加强新时代大中小学劳动教育的意见》（以下简称《意见》），同年7月教育部颁布《大中小学劳动教育指导纲要（试行）》（以下简称《纲要》）。一年内从《意见》到《纲要》两项重要文件出台，对劳动教育作了全方位的谋划部署，强调劳动教育是中国特色社会主义教育制度的重要内容，直接决定社会主义建设者和接班人的劳动精神面貌、劳动价值取向和劳动技能水平。当前实施劳动教育的重点是在系统的文化知识学习之外，有目的、有计划地组织学生参加日常生活劳动、生产劳动和服务性劳动，让学生动手实践、出力流汗，接受锻炼、磨炼意志，培养学生正确劳动价值观和良好劳动品质。高校要强

① 《习近平在全国教育大会上强调坚持中国特色社会主义教育发展道路　培养德智体美劳全面发展的社会主义建设者和接班人》，《人民日报》，2018年9月11日。

化马克思主义劳动观教育，注重围绕创新创业，结合学科专业开展生产劳动和服务性劳动，积累职业经验，培育创造性劳动能力和诚实守信的合法劳动意识。教育引导学生掌握通用劳动科学知识，深刻理解马克思主义劳动观和社会主义劳动关系，树立正确的择业就业创业观，具有到艰苦地区和行业工作的奋斗精神。

大学生的劳动教育，是高校面向大学生开展的劳动价值观、劳动习惯、劳动精神、劳动技能等方面的教育。劳动教育在大学生的人格塑造上具有重要的作用，可以帮助大学生养成知行合一、自立自强、感恩奉献、创造性思维等优良品质，不断完善人格，成为全面发展的堪当民族复兴重任的时代新人。

一、养成知行合一的品质

“纸上得来终觉浅，绝知此事要躬行。”[①]高校要将劳动教育纳入专业人才培养方案，明确主要依托的课程，独立开设必修课。由此，劳动教育像其他课程一样，有明确的课程、学分，从理论上完善了学生的知识体系，让学生学习更多的劳动理论，增加知识和常识。此外，劳动教育具有明显的实践性，大学生在九年义务教育、高中教育中学习的知识主要来源于书本，性质上大多是理论知识。高校劳动教育更多地结合了专业，常见方式是形式多样的实践，如专业见习、毕业实习、创新创业实践、日常的志愿服务等等，大多可以立足专业特色、发挥专业优势，通过动手动脑、亲身实践，将书本上学到的专业知识与实践活动相结合，学以致用。对于大学生而言，要重视生产劳动锻炼，积极参加实习实训、专业服务和创新创业活动，重视新知识、新技术、新工艺、新方法的运用，提高在生产实践中发现问题和创造性解决问题的能力，在动手实践的过程中创造有价值的物化劳动成果。

① 《冬夜读书示子聿》。

以安徽师范大学2021年的社会实践为例，学校申报、组建大学生重走革命路、党史学习教育师生宣讲团、推普脱贫专项、“七彩假期”专项等各类重点团队153支，校、院、班级团队574支，400余名实践导师全程指导，近万名志愿者走进基层参与实践，各学院结合专业特色和优势，将劳动教育融入人才培养的全过程，多形式体验生产性劳动实践服务性劳动实践。如文学院发挥师范专业优势、立足全国首个爱心家教组织——五四爱心学校，近二十年如一日为贫困学子提供无偿家教服务、爱心陪护，教授优秀传统文化，累计带动近万名志愿者参与，服务万余名贫困中小学生和留守儿童；充分发挥全国重点马克思主义学院、中国特色社会主义理论研究中心优势，组建“宣讲团首席专家+专业指导教师+青年宣讲员”领航团队，深入党政机关、中小学、企事业单位、街道社区等开展200余场党史理论宣讲，服务群众2万余人次，开展党史专题培训362场，培训覆盖人数15297人次，开展直播活动百余次；物电学院组建“社区科技站”科普惠民实践团队，走进社区，通过家电义务维修，“科普课堂”，“安全用电小贴士”等服务形式，服务群众1000余人次。在每一次的社会实践中，大学生通过“行”更好地理解“知”、践行“知”，做到脚踏实地、知行合一。

二、养成自立自强的品质

陶行知指出：“劳动教育的目的，在谋手脑相长，以增进自立之能力，获得事物之真知，及了解劳动者之甘苦。”[①]随着经济和时代的快速发展，生活中的很多亲自动手环节都被技术所取代，甚至有人调侃说“懒惰是技术发展的第一推动力”，很多技术的发展不可否认可以节省大量人力物力，这既是必要的也是可行的，但一定程度上也确实减少了实实在在的劳动体验和锻炼。青少年群体中不同程度地存在着“三不”现象——不珍惜劳动成果、不想劳动、不会劳动。“不会劳动”的原因多种多样，比如家庭的溺

① 陶行知：《陶行知全集》（第2卷），成都：四川教育出版社，2005年版，第331页。

爱，父母过度的保护让学生从小“丧失”劳动能力，比如教育观念的偏颇，出现所谓“高分低能”。“不会劳动”到了大学就展露无遗，因为大学需要学生走出家庭、走出教室、走出保护，需要实实在在的自理、自立，面对高等教育之前的技能“短板”，劳动教育使学生“掌握基本的劳动知识和技能，正确使用常见劳动工具，增强体力、智力和创造力，具备完成一定劳动任务所需要的设计、操作能力及团队合作能力”，帮助学生掌握实实在在的劳动技能，逐渐改变“不会劳动”的现象，让学生真正自立自强，拥有最基本的生存能力，从而更好地实现个人价值、社会价值。

“天将降大任于是人也，必先苦其心志，劳其筋骨，饿其体肤，空乏其身，行拂乱其所为，所以动心忍性，曾益其所不能。”①由于各种原因，学生的劳动观在成长的过程中产生了偏差，这些日积月累的错误方式使其不能正确认识劳动实践的基础地位，以及劳动对于自身成长成才的价值和意义，劳动教育则能很好地帮助大学生在学思践悟中坚定理想信念、在奋发有为中践行初心使命，养成自立自强的品质。这种品质能从根本上帮助大学生树立正确的择业观、就业观、创业观，培养赴艰苦地区和行业工作的奋斗精神，杜绝好高骛远、眼高手低。体悟劳动不分贵贱，任何职业都很光荣、都能出彩，大学生要积极地响应国家号召，到西部去，到祖国最需要的地方去，到一线、到基层建功立业、挥洒青春、建设祖国。

三、养成感恩奉献的品质

“一粥一饭，当思来处不易；半丝半缕，恒念物力维艰。”②习近平指出，人世间的一切成就、一切幸福都源于劳动和创造③。劳动，过程是艰辛的，结果是幸福的。青年群体中的“三不”现象，不珍惜劳动成果、不想劳动的风气，关键就在于学生不能正确地认识劳动、尊重劳动，于是滋生

① 《孟子·告子下》。

② 《朱子家训》。

③ 《习近平在会见中国少年先锋队第七次全国代表大会代表时寄语全国各族少年儿童强调美好的生活属于你们美丽的中国梦属于你们》，《人民日报》，2015年6月2日。

游手好闲、投机取巧、坐享其成的错误观念，总念着“躺平”“躺赢”或者索性“摆烂”，乃至老想着几亿分之一概率的事情在自己身上实现，如果这种“彩票中奖”的心态形成一定的风气，是非常危险的。通过劳动教育，让大学生参与劳动、出力流汗，甚至流泪，通过身体、精神上的磨炼和付出，切实体验万事万物的发展规律，从思想上杜绝走捷径、好逸恶劳、贪吃懒做的错误想法，并由此认识到不仅有享受社会物质福利的权利，还必须为此向社会履行自己的义务，感恩现在所享有的，同时也能积极主动地奉献。大学生要强化服务性劳动，自觉参与教室、食堂、校园场所的卫生保洁、绿化美化和管理服务等，结合“三支一扶”、大学生志愿服务西部计划、“青年红色筑梦之旅”、“三下乡”等社会实践活动开展服务性劳动，强化公共服务意识和面对重大疫情、灾害等危机主动作为的奉献精神[①]。

此外，劳动讲求一分耕耘一分收获。从付出与收获关系的物质层面说，劳动获取相应的报酬，帮助学生树立正确的劳动价值观。比如，高校设置勤工助学岗位，让学生通过劳动获得一定的资助，不仅可以减轻自己家庭的经济负担，还能更深刻地理解劳动的意义。从付出与收获关系的精神层面说，劳动教育能增强学生的责任感。这份责任感落到家庭之中，则是学生能感恩父母的养育之情，更好担起赡养父母的义务，承担家庭责任；落到集体之中，则是学生能体会集体团结协作取得成绩的来之不易，从而更加明确自身职责，增强集体凝聚力和向心力；落到社会之中，则是学生能感恩社会提供的福利补给，履行应尽义务，为社会发展尽己所能、无私奉献，在实现自我价值的同时帮助他人；落到自然之中，则是学生能体悟自然的馈赠和滋养，从而学会回馈大自然、保护大自然，投身共建人与自然和谐共生的美好家园中。

① 教育部关于印发《大中小学劳动教育指导纲要（试行）》的通知，《中华人民共和国教育部网站》，2020年7月7日。

四、养成创新创造的品质

习近平指出，劳动者素质对一个国家、一个民族发展至关重要。劳动者的知识和才能积累越多，创造能力就越大[①]。大学生是社会主义现代化强国建设的生力军，培养大学生的创新意识对于实现第二个百年奋斗目标至关重要。实践是创新的源泉，劳动教育的形式、内容、成果的多样性特征注定了劳动本身就具有创新性，在劳动实践中，不同的人用同样一种方式也可能形成不同的劳动成果，同样一种劳动成果，不同的劳动主体也可以采用不同的方式完成。同时，劳动形式、内容、成果的多样性也为创造性思维提供载体和平台，让劳动主体的创造性得以展示。在劳动实践中，学生能将课堂上学到的显性知识转化为隐性知识，再进行升华和提炼进而提升自身能力和水平。实践也可以有效调动学生的各种潜能，充分发挥劳动主体的主观能动性，创造性地分析问题、解决问题。

习惯源于日常，大学生要在日常生活中巩固良好的劳动习惯，自觉做好学习生活区域环境卫生，独立处理个人生活事务，积极参加勤工助学活动，创造性开展劳动实践，提高劳动自立自强能力。诚然，对个体而言，劳动不仅是指体力劳动，也包含了脑力劳动。通过体力劳动，培养学生勤于动手、吃苦耐劳的良好品质，增强学生的责任心、意志力，为学生成长成才积蓄力量、保驾护航；通过脑力劳动，培养学生勤于动脑、敢于创新的优秀品格，增强学生创新促发展、实践出真知的学习精神，为学生成长成才注入活力。体力劳动和脑力劳动相辅相成、互为补充，无论哪一种劳动形式，都是新事物产生的起点，都有利于培养学生创造性思维和创新性能力。

加强大学生劳动教育，是贯彻党的教育方针，落实立德树人根本任务的重要途径。新时代的劳动教育，要坚持因事而化、因时而进、因势而新，

① 习近平：《在庆祝“五一”国际劳动节暨表彰全国劳动模范和先进工作者大会上的讲话》，北京：人民出版社，2015年版，第9页。

促进大学生全面发展，不断完善大学生人格，培养学生成为新时代的君子，为实现中华民族伟大复兴贡献力量。

思考题：

1.当代青年如何将职业道德与追求科学真理、坚持实事求是的人生精神相融合？

2.理想是人生和事业的制高点，但起点就在每个人的脚下，当代大学生如何脚踏实地从自己、从小事、从细节做起？

延伸阅读：新时代君子人格典范之八

“最美奋斗者”——钟南山①

钟南山，中国工程院院士，投身呼吸系统疾病的临床、教学和科研工作60余年，曾荣获“全国先进工作者”“白求恩奖章”“最美奋斗者”等荣誉。2009年被评为“100位为新中国成立作出突出贡献的英雄模范人物和100位新中国成立以来感动中国人物”中的100位新中国成立以来感动中国人物之一。2018年被党中央、国务院授予“改革先锋”称号，颁授改革先锋奖章，并获评“公共卫生事件应急体系建设的重要推动者”。2020年8月11日，国家主席习近平签署主席令，授予84岁的钟南山“共和国勋章”，以表彰他在抗疫进程中作出的杰出贡献。

“守责才是最大的政治”　钟南山在一次央视访谈节目中表示：“我只想搞好自己的业务工作，以及做好防治疾病的工作，这本身就是我们最大的政治。一个人在他的岗位上能够做到最好，这就是他的最大政治。”他的名字始终和中国的公共卫生事业紧密相连。2003年初，一种非典型肺炎

① 本文综合参考了《中国工程院士钟南山——大医大爱守护生命》（《人民日报》2021年09月09日，第05版）、《钟南山：医中勇士、患者铠甲》（《文汇报》2019年09月09日近距离版）、中共中央宣传部“最美奋斗者”专题网站（http：zmfdz.news.cn）等内容。

（SARS）突如其来。他不顾生命危险应对灾难，夜以继日工作，“病人的生命重于一切。医院是战场，作为战士，我们不冲上去谁上去?”面对肆虐的疫情，他临危不惧，以客观事实和临床经验为依据，以实事求是的科学态度坚持真理，挽救了很多人的生命。2019年12月，湖北武汉陆续出现多例不明原因感染病例（后被命名为“新型冠状病毒感染”）。2020年1月19日，一张钟南山神情疲惫地靠坐在高铁餐车座位上的照片在网上广泛流传，引发网民的强烈反响，照片是在广州前往武汉的高铁上被拍到的。不久，全国新型冠状病毒感染疫情防控的警报随即被拉响。“全国帮忙，武汉是能够过关的！武汉本来就是一个英雄的城市。”“科学只能实事求是，不能明哲保身，否则受害的将是患者。书本上没有的，只能在实践中摸索。”在重大公共卫生灾害面前，他总能挺身而出，起到关键性作用。他率领科技工作者和医护人员“逆行而上”，奋战在抗疫的最前沿，为制定执行中国抗疫方案立下汗马功劳，为推进全球抗疫贡献了中国智慧、做出了中国贡献。

“科研既要顶天，也要立地” 钟南山认为：“科研既要顶天，也要立地。顶天就是抓住国际前沿、国家急需项目，立地就是要解决老百姓的实际问题，研发出有效、安全、价廉、方便的器械和药物。顶天的研究不能立地，不能缓解患者的痛苦，意义就会打折扣。”他致力于推动实现“以治病为中心”向“以健康为中心”转变，针对我国呼吸疾病高发给国家造成重大疾病负担的情况，呼吁高度关注雾霾与空气污染防控，指导制定新发特发呼吸道重大传染病防控政策；积极建言将慢阻肺纳入常见慢性病防控和分级诊治，推广“像量血压一样测肺功能”理念，推动肺功能检查走进常规体检且实现高质量开展；建议对早期慢阻肺患者进行早诊早治，改变了当前国际上以症状治疗为核心的治疗理念；主张发展适合我国国情的药物及早期防治新战略，领衔打造了呼吸疾病国家重点实验室产学研体系；注重推广哮喘早期预防理念，指导患者用很少的药控制病情；大力支持医疗系统供给侧结构性改革，推进分级诊疗，实施基层医生规范化培训，使人民群众得到优质高效的诊疗服务。

“人民至上、生命至上” 钟南山出身医生之家。“我读小学时身体比较弱，听说通过锻炼可以使身体更强壮，所以就喜欢上了踢球、跑步。”高三时的钟南山，曾在1955年广东省一次田径运动会上，打破400米项目全省纪录，之后又获得全国比赛第三名。热爱运动、健身的良好习惯，一直保持至今，即使是最忙的工作时期，他也会随身带着健身器材，条件不允许的时候就采用俯卧撑、高抬腿等锻炼方式，家中也建有小型健身室。高考后，钟南山决定学医，并顺利考入北京医学院。“跟爸爸讨论了半天，他说学医的话，不单是自己身体要好，而且要帮别人身体也健康，我于是决定读医学。”“我非常佩服运动员的拼搏精神，其实我们搞医疗也一样，不到最后，不能放弃。”在抗疫大考面前，钟南山“把最危重的病人送到我这里来”的话落地有声、铿锵有力，“绝不放弃任何一个患者”的庄严承诺振奋人心。“只要有一线希望，我们可以不惜一切代价。即便看起来必死无疑的患者，我们还是要像绣花一样抢救回来”，不到最后绝不放弃的精神早已厚植他的心中。2020年，84岁的钟南山迎疫而上，以实际行动诠释了什么是“人民至上、生命至上”。

“传染病无国界，相互支持少走弯路” “传染病是没有国界的。只要有一个国家不作干预，全球新冠疫情就不会消失。”他始终坚守在国际医学研究一线，一边指导救治一边分享中国的抗疫经验。“通过交流，可让其他国家少走弯路。”钟南山说，因为我们走过了艰难的路，所以要相互支持。他表示，我国的科研攻关能力在战疫中历经锤炼，从2003年的更偏重救治患者，到后来我们把科研攻关与临床救治放到同样重要的位置。“这次，不单将论文写在祖国大地上，也写在了地球大地上。”在抗疫的战线上，钟南山带领科研团队，本着严谨求真的科学态度，坚持不懈地进行科技攻关，取得了一系列研究成果，对疫情防控、医疗救治发挥了重要作用。

“80岁还可以干很多事” 钟南山始终坚持医生为病人服务的宗旨，出门诊看病人、查房、会诊，带研究生、做科研，数十年如一日，人生字典里就没有“停步”二字。他对病人的关心无微不至，他有个习惯性动作，就是听诊前会把听诊器捂热了再放到病人身上。遇到外地人看病，他会问一问："有没有亲戚在这边？有没有地方住？"他自诩"80后"，坚持推动医学教育改革创新，注重国际视野，成立"南山班"，培养了一大批拔尖人才。他深情寄语学员，"我们的目标不是培养英语流利、去国外实验室做高级打工仔的人，而是创新型的中国医学实用人才。""什么是最大的人权？我们保住了这么多人的命，这是我们最大人权的表现。"2020年9月，全国中小学生特殊的"开学第一课"上，钟南山通过电视动情地说。

钟南山，是权威、专家，无愧于世人赋予的一切赞誉。他无比珍视"医生"这个称呼，赋予医生更多的阐释：医者仁心、科学巨匠、运动健将、心系群众、踔厉奋发。他让人深刻认识到，在饭碗的意义之外，与医生相关的还有"天职""医者父母心""悬壶济世""大医精诚"等精神品格。

后　记

君子人格是中华优秀传统文化的重要组成部分。弘扬和传承君子文化，培养新时代大学生君子人格，对于贯彻立德树人的教育方针，培养高素质的人才具有重要作用。本书对新时代大学生君子人格养成进行了较为全面的解析，力图展示大学生君子人格养成的目标、途径和方法。

本书的出版得到了中华君子文化基金的资助，安徽师范大学出版基金、安徽省高校弘扬社会主义核心价值观名师工作室“三全育人”理念下高校辅导员工作创新研究项目也给予了资助。在本书的编写过程中，安徽师范大学前任校长张庆亮曾给予过指导。本书是集体创作的成果，八章编写的作者依次为武道房、张添翼、戴兆国、余亚斐、郭敬东、刘聪、张勇、戴和圣。戴兆国负责全书的统稿和审订，戴和圣也参与了相关工作。

本书的编写参考了多种资料和学界研究成果，在此表示感谢。书中可能还会存在各种有待改进的内容，敬请广大读者批评指正。